読みなおす日本史

猫絵の殿様

領主のフォークロア

落合延孝

吉川弘文館

目　次

はじめに——近世社会を再考する

私の勤める群馬大学附属図書館には、新田文庫という旧男爵新田家の寄贈した史料・書籍類が残されており、若干の中世文書の写《うつ》し、近世の日記・系図・由緒書や知行所（領地）から提出された文書《もんじょ》、版本・写本の書籍類がある。そのなかに、延宝八年（一六八〇）から明治二七年（一八九四）までの二一四年間にわたる新田岩松《にったいわまつ》氏の殿様（富純《とみずみ》・孝純《たかずみ》・義寄《よしより》・徳純《よしずみ》・俊純《としずみ》）が記した日記がある。新田岩松氏は交代寄合《よりあい》（万石未満で常時江戸在府の義務を負わず、参勤交代を勤める）格の武家で、上野国新田郡下田嶋村《しもたじま》（現群馬県太田市）の館に居住し、毎年正月三日に江戸城で将軍に拝謁する仟務を負っていた。その新田文庫のなかに、下田嶋の屋敷から江戸城での将軍への年始の拝礼のために出かけていく時の「在府日記」や、知行所の下田嶋村だけでなく新田郡の百姓・町人や寺社をめぐる豊富な記述が盛り込まれている「日記」「御用所日記」などがある。日記類の多くは歴代の殿様が書いているが、「御留守《おるす》日記」「御用所日記」のように、家臣が記述する場合もあった。この数年間、私は図書館の一室で二〇〇年間に及ぶこれらの日記を読み続けてきた。

一年間の日記を読むと、毎年繰り返される武家の年中行事の諸相とその歴史的変遷が見えてくる。

岩松氏は、ふだん知行所の屋敷に居住しているため、領主と知行所の百姓との人間関係は深い。たとえば、元禄五年（一六九二）五月二一日、岩松富純に待望の嫡男（幸寿丸）が生まれた。そのときには、知行所の百姓だけでなく、上田嶋村・木崎宿・尾嶋町など周辺の百姓や寺院がお祝いに来て、祝儀の品を贈っている。また、二六日には家族と家臣たちが七夜の祝をし、翌二七日には知行所の百姓に対して、「今明日両日嫡男誕生の祝事に、農業相休《あいやすみ》、遊ぶ仕るべき旨申付る、民家喜悦す」〔二五〕と、嫡男の誕生を祝い、二七・二八日の二日間を休日と定め、民家が喜んでいる姿が日記に記されている。嫡男の誕生は、領主だけでなく知行所の百姓にとっても祝事であったのである。このような領主と百姓との関係は、毎年繰り返される正月・盆・五節句などの年中行事を通じて、再生産されていた。

近年、中世史研究の側から、年中行事を領主の信仰を媒介にした心意統治技術の視点から捉え直す仕事が出てきている。年中行事を寺社の祭祀《さいし》、領主の勧農、百姓の年貢収納から捉える視点で、領主は百姓の信仰する神仏を祭祀することを統治者の責務として求められるというのである。本書の第一章「年中行事からみた領主と農民」は、岩松氏の年中行事を通して領主の祭祀儀礼や勧農機能を考察したものである。その際に、年中行事の諸儀礼の歴史的変遷、知行所の下田嶋村百姓との関係、領主の勧農機能と百姓の年貢収納との関係を中心に検討してみることにしたい。

また、二〇〇年間の日記を読むと、想像もしない様々な事件が記されている。事件の発生に対して、領主や村役人がどのように対処しようとしたかを知ることが、日記を読む面白さでもある。第二章

「村の事件簿」では、村方騒動《むらかたそうどう》・若者組の関わるトラブル・誘拐・放火・窃盗・殺人などの村内の事件に対して、領主がどのように対処したかを見ていきたい。

いつの時代でも、男と女の関係は絶えずいざこざをひき起こす。文政七年（一八二四）の百姓豊蔵と若者組との一件（事件）もそうである。この一件は豊蔵の亡妻の妹いよが子どもを生んだことから始まる。若者一同が、豊蔵に対して婚姻の披露もないのにいよが出産した理由を問い糾した。豊蔵はその場では若者たちへ詫びて酒振舞いをすると答えた。だが、いったんは詫びた豊蔵であるが、妻のよが生きている時に、妹いよを自分の妻にするよう「約束」していたと述べ、もし疑うのならば「地ごくへ参られ、亡妻に承まわるべく候」と開き直った。この一件は、若者たちが「我意」ばかり申し募るので内済《ないさい》（訴訟に持ちこまないで当事者相互の内々の話し合いで和解すること）がなかなか成立しなかったが、隣村の「取扱立入」人の双方への働きかけと殿様の「御威光」によって、内済がやっと成立した。このような事件簿を読みながら、領主と村、村役人と百姓との関係を通して、近世の村社会の特質を考えていきたい。

ところで、新田の殿様は、現在の群馬・埼玉・長野の養蚕《ようさん》生糸《きいと》の盛んな地域では、江戸時代に「猫絵の殿様」として知られていた。一〇頁に掲げた猫絵は群馬県伊勢崎市に居住する市民の家に所蔵されている一四点のうちの一つであるが、これを描いた幕末の殿様岩松俊純は、明治に男爵となり、ヨーロッパでは「バロンキャット」（猫の男爵）と呼ばれていたそうである。横浜の開港以降蚕種を海外に輸出する際には、鼠害《そがい》を避けるために蚕種とともに猫絵もヨーロッパに輸出されている。

養蚕の盛んな地域では、養蚕飼育の上で鼠《ねずみ》は大敵とされ、この新田猫絵が鼠除《よ》けの効果があるものと信仰されていた。そして、一八世紀末頃から養蚕生糸が盛んとなるにつれて猫絵を所望する人々が

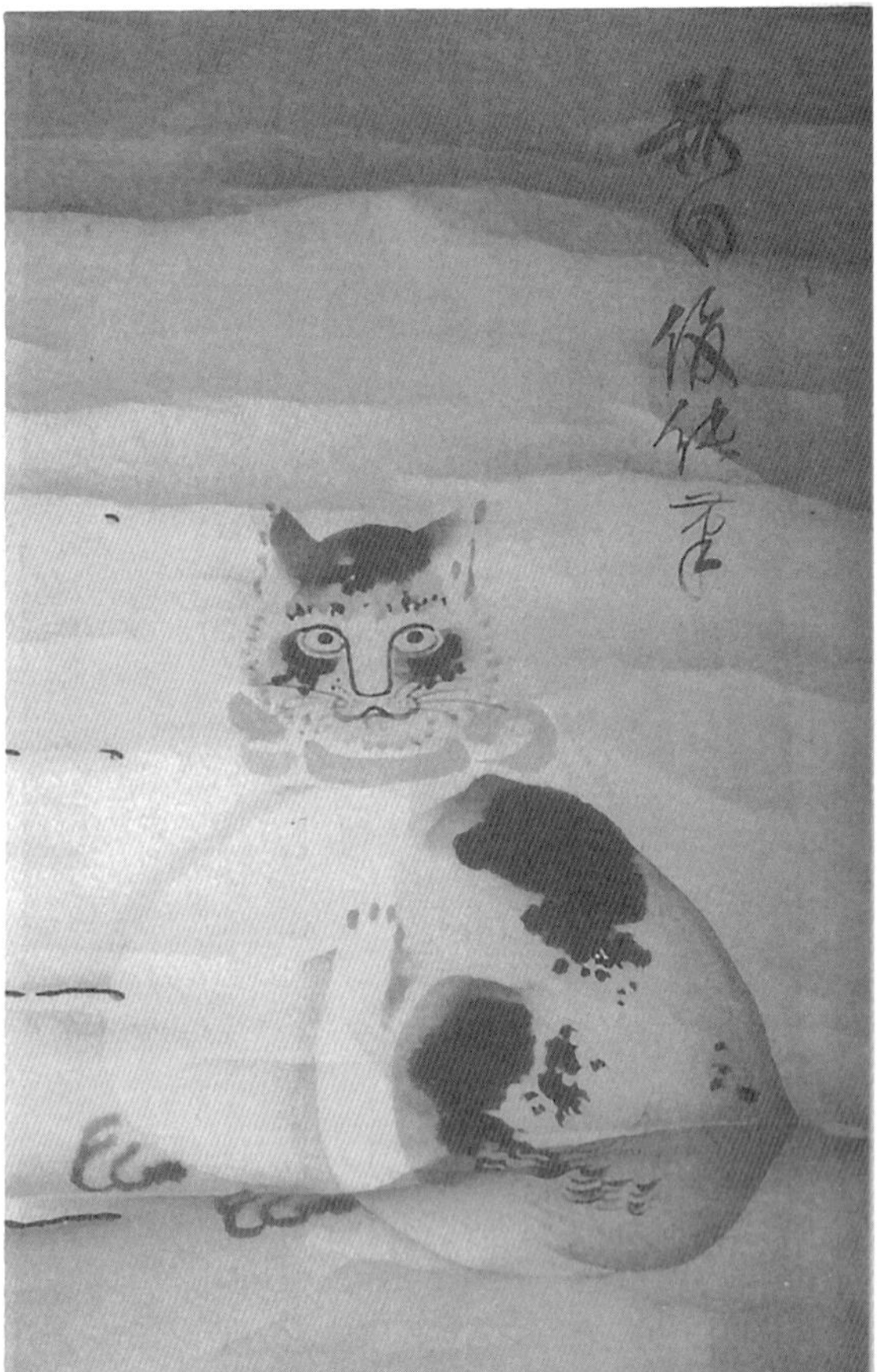

新田猫絵（群馬県伊勢崎市・個人蔵）
養蚕生糸の盛んな地域では，養蚕飼育のうえで鼠は大敵とされ，新田猫絵は鼠除けの効果があるものとされていた．横浜の開港以降，蚕種を海外に輸出する際にも，鼠の害を防ぐために猫絵はヨーロッパに輸出されたといわれている．

多くなり、義寄・徳純・道純・俊純の四代の殿様が養蚕農民からの所望で猫絵を描いていたのである。この猫絵は江戸にも知られており、一九世紀中頃の嘉永・安政の頃に書かれた「真佐喜のかつら」の筆者青葱堂冬圃《せいそうどうとうほ》は、「上野国新田郡岩松氏の絵がきたる猫の絵を張をけば鼠出ずともてはやしぬ、されど世うつりはて験《しるし》も失せるにや」（『未刊随筆百種』）と記し、猫絵を張れば鼠が出てこないともてはやされていたが、最近ではその効能が失せていると皮肉っている。

それでも、猫絵は養蚕農民には「蚕の神様」として重宝がられ、たとえば、徳純は文化一〇年（一八一三）の九月から一〇月までの約一ヵ月間、善光寺参詣のため信州へ旅するが、沿道の役人クラスの町人・百姓から絵を所望され、一ヵ月間に三〇七枚の絵を描いている。猫絵を九六枚、疱瘡《ほうそう》除《よ》けの護符の効能を持つ鐘馗《しょうき》の絵を三一枚、そのほかに墨画・福禄寿《ふくろくじゅ》の絵などである。

また、関八州の各地からは村の鎮守の扁額《へんがく》や庚申塔《こうしんとう》などの石造物への染筆《せんぴつ》の依頼が多い。近年、市町村史において近世の石造物の調査報告が行われているが、群馬県内で、岩松氏の歴代の殿様が染筆した石造物は現時点で四五点確認されている。安政六年（一八五九）に建立された群馬県甘楽郡吉井町岩井の真光寺にある「石尊《せきそん》大権現」の石造物は、高さ三《メートル》・幅一《メートル》もある大きなもので、表に「石尊大権現」の字が大きく刻まれ、「新田義貞之嫡《ちゃくそう》宗源俊純拝書」と書かれている。神奈川県伊勢原市大山《おおやま》石尊は、江戸時代に農業の神、雨乞《あまごい》、商売繁盛の神として関東一円に信者を持っていたが、吉井町岩井の真光寺にある「石尊大権現」の石造物は、岩井村の「講中《こうちゅう》」の人々によって建立されたものである（一〇九頁の写真参照）。

そして、幕末期になると、岩松の殿様に疱瘡《ほうそう》・疫病《えきびょう》・狐憑《きつねつき》の除札《よけふだ》を求める動きが活発となってくる。第三章「殿様と『呪術』」は、在地の信仰習俗と岩松氏の宗教的機能とを検討し、「呪術師」としての岩松氏を明らかにしようとしたものである。

次に、岩松氏の権威とそれをめぐる人々について述べよう。岩松氏の家臣には譜代の家来のほかに、「由緒《ゆいしょ》の者」と呼ばれる中世以来の新田の旧臣の系譜を引くといわれる百姓・町人がいる。彼らは太田町・尾嶋町・世良田村などの近隣の町役人・村役人の者が多く、岩松氏の年中行事や葬式・婚姻などの儀礼に参加している。彼らのなかには殿様から中黒《なかぐろ》の家紋の上下《かみしも》を拝領した者もいる。また、岩松氏と出入りの関係を結ぶ人々を「出入りの者」と呼んでいる。彼らは幕末期には八〇〇人以上に及び、その分布は関八州だけでなく、広く東北・甲信越の東日本の各地にまたがっている。出入りの者の多くは村役人クラスの地方の有力者である。出入りの者に対しては岩松氏より、家紋（中黒・五三実桐・一六葉裏菊）の提灯《ちょうちん》、弓張《ゆみはり》提灯、飛脚札《ひきゃくふだ》等が与えられ、家紋の使用が許可されている。家紋の入った上下を着用したり、提灯を持つことは、他の人々とは異なり自らのプレステージを誇示することにつながっていた。

なぜ、在地の有力者である村役人クラスの人々が、幕末期に東日本の各地から岩松氏の権威を求めたのか。私の一番知りたい点は岩松氏の権威を求める在地社会の側の理由である。岩松氏と出入り関係を求める村役人クラスの人々は、自分の家の系図を持参してくる。一八世紀後半になり、江戸時代初期からの本家が没落し、分家が経済的に力をもつようになると、本家・分家の間で争いが起きるようになる。同族団内部の問題の解決を願い出たり、岩松氏と出入り関係を結ぶことによって村のなかでの自己の家名・家系を権威づけるために、新田岩松氏の系譜を利用するようになるのである。

近年、職人・宗教者・芸能者と朝廷・公家との関係が論じられているが、新田岩松氏の事例を検討すると、職人だけではなく百姓、とりわけ在地社会の有力者の権威の拠り所として東日本では源氏、西日本では朝廷が存在していたことがわかる。出入りの者が幕末期に八〇〇人以上に広がり、岩松氏の社会的権威が上昇するなかで、新田郡の村役人や豪農層が岩松氏を尊王攘夷運動に担ぎ上げていく。第四章「貴種の血筋と権威」は、岩松氏を尊王運動の盟主に祭り上げるような社会状況がどのように形成されたかを追究したものである。

江戸に常駐する旗本とは異なり、下田嶋の館に日常的に居住する岩松氏の存在は、近世社会では特殊な事例であることはいうまでもない。本書では、この特殊性にこだわりながら、そのなかから見えてくるものを大切に考えたい。二〇〇年間の新田岩松氏の武家日記を通して、領主と農民との関係を再考することもその一つである。年中行事の諸儀礼、領主の勧農機能の諸相、染筆・猫絵・除札の発行などの領主の祭祀機能、出入り関係や様々な斡旋機能などの事例にそくして、領主の支配と責務を明らかにしよう。

また、一八世紀後半以降の在地社会の動きに注目し、封建制支配の解体過程のなかで村役人などの中間層がなぜ岩松氏の権威を求めたかを明らかにしたい。

＊本書で引用した史料は、読み下し文に改め、旧仮名づかいは現代仮名づかいに直した。また、〔 〕内は群馬大学附属図書館新田文庫の近世史料の番号である。

一　年中行事からみた領主と農民

1　岩松氏の支配と下田嶋村

新田岩松氏について

岩松氏は新田氏と足利氏の両系統の血を引き継ぐ名家で、足利義純の子時兼を祖とする。母は新田義兼の娘で、時兼は建保三年（一二一五）と元仁元年（一二二四）の両度にわたり祖母である新田義兼の後室より上野国新田庄のうち岩松郷など一三郷を譲与されて、地頭職を任ぜられ、岩松に住んで岩松氏を称した。南北朝時代には足利氏に組し、満純の時、上杉禅秀に加担して敗れ、その後満純の系統（礼部家《れいぶ》）と持国の系統（京兆家《きょうちょう》）に分かれた。満純の子家純が文明元年（一四六九）二月に金山《かなやま》城を築き、武蔵国五十子《いかつこ》に館を構え、東上州一円を支配下に入れたが、のちに家臣横瀬氏（のちの由良《ゆら》氏）に権力を奪われた。

由良信濃守国繫が後北条氏に敗れ、天正一四年（一五八六）の金山落城とともに、岩松守純《もりずみ》は上野国山田郡桐生の竜泉寺に退居した。しかし、その四年後、天正一八年(一五九〇)徳川家康の関東入部の後、守純は子の豊純を伴って川越城で家康にはじめて拝謁した。その時の様子は、「家の系図を台覧に入るのところ言上の次第よろしからざりしかば、先《まず》帰郷すべしと台命あり。」(『新訂寛政重修諸家譜』第一八巻)と記されている。そして、家康より二〇石を賜い、新田郡市野井村感応寺曲輪《くるわ》に居住し、その後世良田《せらだ》村へ移っている。「世良田村鼻藤兵衛と云《いう》百姓屋敷を明け、田方廻り堀を上げ土手を付け、父幸閑斉二代住持」〔二七〕と、世良田村百姓の鼻藤兵衛の屋敷を館とし、廻りに堀をめぐらし土手を築いていた。寛永一八年(一六四一)に新田の称号を改めて岩松に復し、のち代々これを称した。

秀純(一六一九年生〜一六七六年没)の時、徳川家光の一三回忌にあたる寛文三年(一六六三)に忍《おし》藩主阿部豊後守の推挙によって一〇〇石加増され、知行高一二〇石となり、新田郡下田嶋村に屋敷地を拝領した。新田郡下田嶋村は、村高五二九石八斗六升七合で、このうち一二〇石が岩松氏の知行所である。拝領した屋敷地は、雑木林二万四六五一坪を含めると二万六八七四坪に及ぶ。明治四年(一八七一)の時点での邸囲は、東西三三間・南北三九間で一二八七坪、周囲堀と土手敷とも幅六間半・長さ一四四間で九三六坪、合計二二二三坪となっている。屋敷内には中畑一反一畝一六歩と下々畑四畝歩の領主の手作り地があり、麦や茶を作っていた。麦は延享元年(一七四四)に五石九斗五升、延享四年(一七四七)に七石四斗を作り、茶は寛保二年(一七四二)に九貫二〇〇目、三年に一二貫二

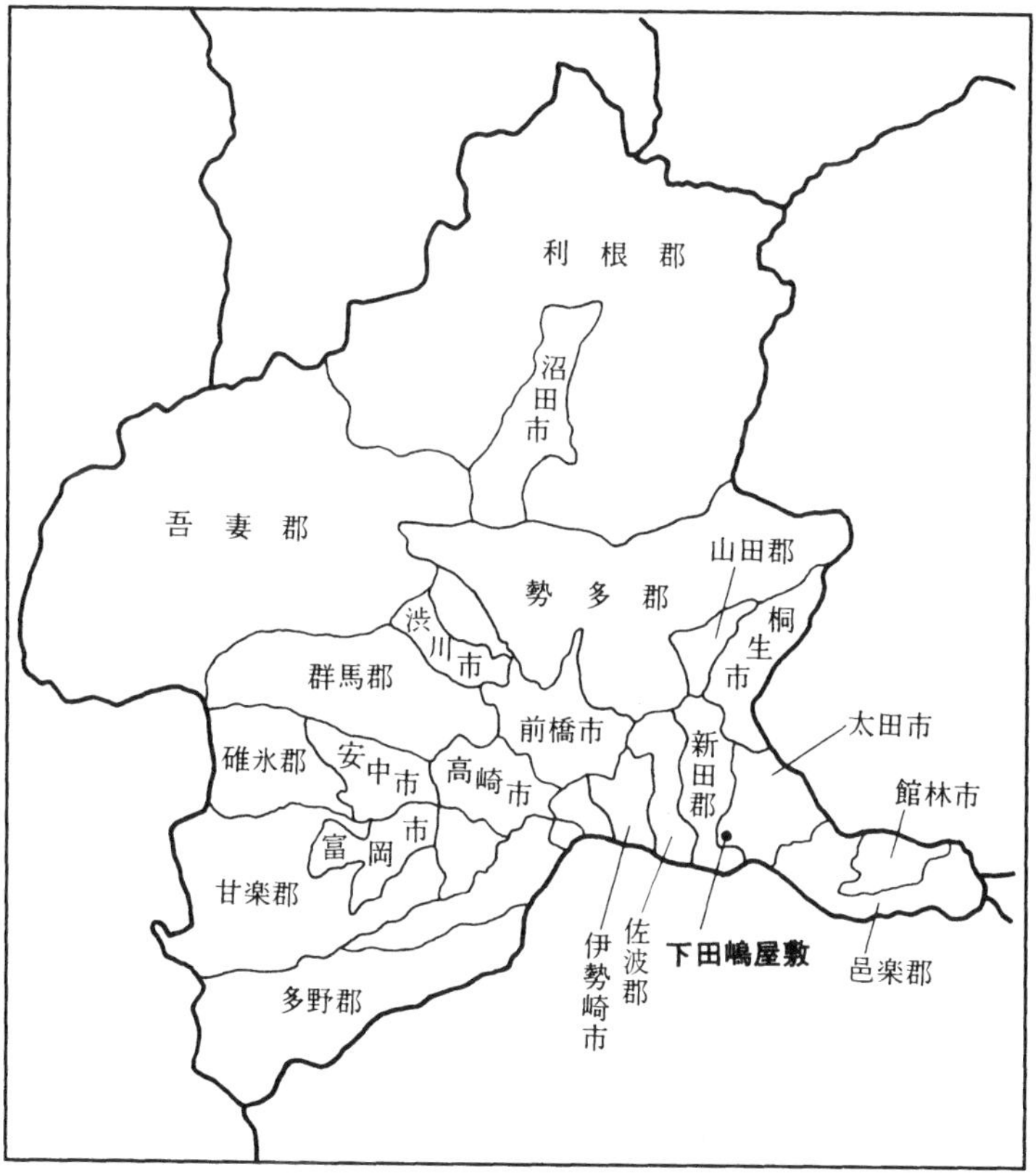
利根郡
沼田市
吾妻郡
山田郡
勢多郡
渋川市
桐生市
群馬郡
前橋市
新田郡
太田市
碓氷郡
安中市
高崎市
館林市
富岡市
甘楽郡
伊勢崎市
佐波郡
下田嶋屋敷
邑楽郡
多野郡

群馬県要図

〇〇目、四年に一二貫八〇〇目を摘んでいる。

岩松氏が加増された寛文三年の二年後の寛文五年（一六六五）には、かつての家来で岩松氏の権力を奪った由良氏が高家衆《こうけ》（幕府の儀式・典礼・伊勢神宮・日光東照宮への代参、朝廷への使節、勅使の接待、朝廷との間の諸礼などをつかさどった家）に列せられている。由良氏の主筋にあたり、新田一族の惣領家職を獲得して新田庄を支配し、家名を継承してきた岩松氏にとっては、屈辱的なことであった。そのため、岩松氏の歴代の当主は、系図に記された祖先の事跡を立証する文書や記録を調査し、武家故《こ》実《じつ》等の調査に傾倒していった。特に、富純（一六六二年生〜一七四三年没）と孝純（一七〇八年生〜一七九〇年没）の父子の時が熱心であった。富純は享保一六年（一七三一）五月に家系及び附録等を将軍吉宗に献上している。

さて、交代寄合は万石未満の武士でありながら、格式は大名に準じていた。交代寄合の制度は、一八世紀の初頭ないしは前半の早い時期に始まり、長い時間の経過を経て個々の積み重ねのなかで成立した。交代寄合の諸家の成立事情は、一つは、家系の由緒を尊重された家で、徳川家と血脈を通ずる家あるいは大名の分知《ぶんち》による家、もう一つは特定の任務を帯びた家である。交代寄合は常時在府の義務を負わず参勤交代を勤めると言われていたが、定府が七家あることから参勤交代が交代寄合の必須の属性でないことが明らかとなっている（西田真樹「『交代寄合』考」）。

岩松氏が交代寄合に取り立てられた理由は、新田氏という徳川家と血脈を通ずる家系の由緒を尊重されたからである。徳川家は自らの出自を征夷大将軍職にふさわしい血筋とするために、自家の系譜を改竄して源氏の系譜を引く新田氏の家譜につなげたのである。

岩松氏の場合は毎年参府するのが原則となっており、一二月に参府し、正月三日に江戸城へ登城し、将軍への年始の礼を行う。そして、参府の時には、一二月二二日頃に下田嶋村の屋敷を出発するが、寛政一一年（一七九九）の御供の人数は、中小姓《ちゅうこしょう》、鑓持《やりもち》、長柄持《ながえ》、挟箱持《はさみばこ》、草履取《ぞうりとり》、荷才領足軽、公用掛《がかり》の都合十数人程度である。正月三日に江戸城へ登城し、四位以下の外様大名と高家の詰所《つめしょ》である「柳の間」に詰め、白書院の「御納戸構《おなんどかまえ》」廊下に着座して将軍への「年頭の御祝儀」を述べる。正月三日の年頭拝賀の儀式は、万石以上の無官の面々、三〇〇〇石以上の寄合、三〇〇〇石以下の諸大夫、布衣《ほい》、小普請《こぶしん》の面々や江戸・京都・大坂・堺・伏見の町年寄、過書、銀座、朱座、五ケ所割符《わっぷ》の者などの御礼の後、「岩松満次郎　御目見《おめみえ》、披露」（『徳川禮典録』上）と記されている。

のち、明治に入って、ふたたび新田姓となり、新田俊純は新田義貞挙兵五五〇周年にあたる明治一六年（一八八三）八月一三日に華族に列せられた。同年九月一四日、従五位に叙せられ、一〇月一三日には宮中に参内し、天皇に拝謁、そして、明治一七年（一八八四）七月七日の華族令の公布によって、男爵となった。なお、守純以後の歴代の殿様は「岩松満次郎」を襲名していた。守純以降の豊純・秀純・富純・孝純・義寄・徳純・道純・俊純の履歴については、一九二～一九五頁の付表1を参照していただきたい。

家臣の人々

岩松氏の家臣団は、「御家来衆」「御知行所御侍格」「御足軽」とに分けられる。岩松氏が下田嶋村に屋敷地を拝領した寛文三年（一六六三）の三年後には、家臣が下田嶋村に居住している。家臣団の人数が少ないため、延宝元年（一六七三）頃より貞享三年（一六八六）まで検見《けみ》（収穫前に領主が役人を派遣して米の収穫量を検査させ、その年の年貢額を決めること）を幕府の代官岡上次郎兵衛の手代に頼んでいた。

享保二〇年（一七三五）の日記には、「家来」として大沢七兵衛・高山甚五右衛門・高山弥右衛門・新右衛門・新左衛門の名前が記されている。大沢七兵衛は下田嶋村の名主《なぬし》、高山甚五右衛門・高山弥右衛門は組頭《くみがしら》である。百姓身分の村役人が「家来」を勤めていることがわかる。元文元年（一七三六）の日記を読むと、この三人の村役人が検見と田方勘定《たがたかんじょう》を勤め、領主から蔵米《くらまい》を与えられている。一七世紀末頃から一八世紀初め（一七三〇年代）頃まで、家臣団としての機能は確立しておらず、検見を幕府代官に依頼したり、あるいは下田嶋村の村役人が家臣を兼ねる状況が続いていた。宝暦五年（一七五五）九月二三日「名主忠右衛門、小検見の小前帳持参差出す」（九六）、二五日「知行所検見として、宗兵衛幸助出す」（九六）と記され、名主が内検見をして家臣が検見の検分をしている。岩松氏の家臣団が知行所の村役人から分離して検見などの機能をふたたび果たすようになるのは、孝純の時代の一八世紀中頃からである。

享保二〇年の日記には、「足軽」には飯塚武兵衛・亀岡藤左衛門・茂木忠左衛門・喜平次・甚右衛門の名前が記されている。このうち藤左衛門・忠左衛門・喜平次・甚右衛門は「享保弐拾年乙卯十一月下田嶋村田方小検見帳」〔七四〕に登録されている名請《なうけ》百姓である。「足軽」の多くは知行所の百姓から取立られた者たちであった。宝暦一一年（一七六一）三月二一日に「知行所足軽武兵衛、今日より侍分に申付る、門前の茂平次事林預りといふ役に申付帯刀致さす、知行所□□事足軽に申付る」〔一〇二〕と記され、門前の茂平次を林預り役に命じ帯刀を許し、さらに足軽武兵衛を「侍分」の家臣にし、知行所の百姓を足軽に取り立てている。

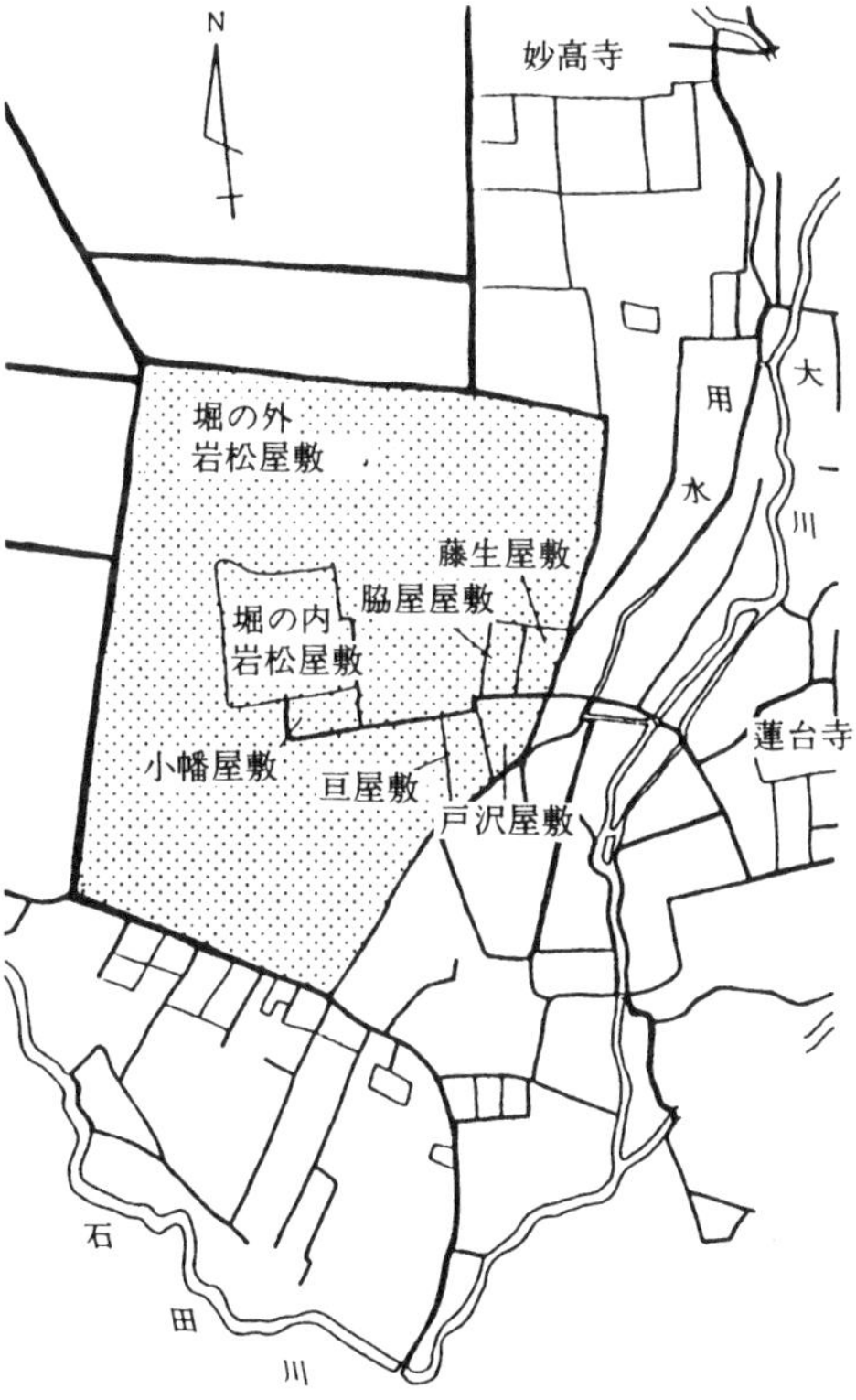

岩松屋敷と家臣屋敷（『太田市史』通史編近世より）

文政七年（一八二四）

の世良田の長楽寺にある岩松氏の供養塔には、「家士」八名・「足軽」一五名の名前が刻まれており、岩松氏の家臣団は二三名にも及んでいる。このうち「足軽」の六名は、同年の下田嶋村の五人組帳の名前と一致している。一九世紀に入ると、岩松氏は二〇名を超える家臣を抱えるようになるのである。嘉永六年（一八五三）の「国々連面附覚帳」〔四三一〕によると、「御家老」小幡真太郎、「祐筆《ゆうひつ》」福田大学、「給人《きゅうにん》」大沢伴蔵・畑織之助、「近所組」関根久米・藤生友之助・戸沢周助・柏木喜三郎、「中姓組」広瀬慶之助・金井造酒・田村文蔵・深沢源之助・清水縫之助、「足軽組」田村亀吉・金古八左衛門、「御殿御医師」に細屋玄仙・宮沢玄中の一七名が記載されている。のち、慶応四年（一八六八）九月の「譜代人口調帳」〔六五〇〕では家臣団の数は二二人に及んでいる。

なお、家臣団の存在形態については不明な点が多いが、寛政一一年（一七九九）六月一日「五つ時見次殿在所へ田植手伝に、十日御暇にて罷り越す」〔一八九〕、文化五年（一八〇八）六月一日「今日家来初知行所の者迄農業最中につき、礼に出ず」〔二二三〕と、家臣は武士身分であるが在所の田植をしていることが記されている。文政六年（一八二三）九月一三日には家臣の小幡隼之助は手作りの新米を殿様に献上している。このように、岩松氏の家臣は、在地で農業を行いながら岩松氏に仕えていたのである。

＊元禄二年（一六八九）の「御預ケ屋敷間数改帳」〔二二〕によれば、源兵衛・喜三郎・庄内の「預り屋敷」が寛文六年（一六六六）より「無御年貢」となり、水野浮草の預り屋敷が貞享二年（一六八五）より、字「長福寺」では、

茂左衛門・六右衛門の預り屋敷が寛文六年より、茂左衛門南「明屋敷」が延宝三年（一六七五）より、宮下玄水の預り屋敷が延宝四年より無年貢となっている。岩松氏が屋敷地を拝領した三年後には、家臣団も下田嶋村に居住している。

太田市大字下田嶋字長福寺において、東西の長さ五七㍍（南北は不明）の館跡が発見された（『長福寺遺跡発掘調査概報』太田市教育委員会、一九九二年）。字「長福寺」には、家臣の茂左衛門（一反歩）・六右衛門（二反一六歩）と茂左衛門南「屋敷」（九畝二四歩）の預り屋敷が記録されている。館跡は一五〜一八世紀頃のものと推定され、溝跡のみしか遺存しておらず、土塁の存在が確認できていないことから、岩松氏の家臣の屋敷跡の可能性もある。

知行所下田嶋村

『上野国郡村誌』一五によれば、天正一八年（一五九〇）の家康の関東移封により、下田嶋村は館林《たてばやし》藩の榊原氏の領地となったが、寛永二〇年（一六四三）に榊原氏の移封後幕府領となり、寛文三年（一六六三）に村高五二九石八斗六升のうち一二〇石が岩松氏の知行地となる。そして、享保一四年（一七二九）に縄入高七石七斗五升九合を合計した四一六石一斗一升九合のうち、二六七石三斗三升七合が旗本桑山氏の知行地となり、残り一四八石七斗八升二合が幕領となる。その後、延享二年（一七四五）新田縄入高六二石五合を合計して二一〇石八斗七合となり、宝暦一三年（一七六三）に幕領から旗本三枝《さいぐさ》氏の知行地となり、以後明治維新まで岩松氏・桑山氏・三枝氏の三給の相給《あいきゅう》（一村を二人以上の領主に領知させる形態）村落となった。

次に、岩松氏の知行地を一瞥してみよう。午《うま》年八月九日から一二日までの日付が記載されている年欠の検地帳が残されている。館林藩の検地は天正一九年（一五九一）正月から三月までに領内一〇ヵ村で実施され、三〇〇歩一反の大・半・小による小割制を取っていること、田畑ともに上・中・下の等級が表示され、名請人の分付記載などが確認されている。字名から判断すると、下田嶋村と中根村の二ヵ村の検地帳である。「古時新田庄田嶋郷ト唱へ今ノ上下田嶋中根ト一村タリシカ、其後分割シテ三村トナル」（『上野国郡村誌』一五）と記されているが、検地帳で見る限り下田嶋村と中根村とが一村であった。検地帳の記載は史料(1)の通りである。

(1)　午年下田嶋村・中根村検地帳〔新田文庫近世文書〕

八月十一日

下田嶋	中田	壱反六畝廿歩	甚右衛門分 藤右衛門作
同	中田	壱反五畝十弐歩	同分 甚五郎作
同	中田	弐反六畝四歩	源左衛門分 市之丞作
同	中田	弐畝四歩	助兵衛分 与三作

（後略）

字名、上中下の田畑の区分、土地面積、土地所持者が記載され、分付記載となっているが、大・半・小の記載はない。午年は特定できないが、文禄三年（一五九四）、慶長一一年（一六〇六）、元和四年（一六一八）、寛永七年（一六三〇）のいずれかの年と推定される。田方の合計が七五町九反一畝二五歩、畑・屋敷地の合計が八七町七反三畝一三歩となっている。

また、表1は寛永一四年（一六三七）の下田嶋村の百姓の田地の所持と籾《もみ》の収納高を記載したものである。享保五年（一七二〇）の下田嶋村の田方面積が三二町二一歩であるので、田方面積四九町八反三畝一四歩は中根村の田地を加えた数字であると考えられる。彦右衛門が一五町六反七畝七歩と飛び抜けて大きく、源左衛門が四町八反二畝八歩、市之丞と尾嶋金左衛門が二町歩以上である。一町歩以上が一〇軒（二四％）、五反以上で一町未満が一二軒（二八％）、五反以下が二〇軒（四八％）となっている。

さらに、村の階層を見てみることにする。元禄三年（一六九〇）の「上野国新田領下田嶋村宗旨人別帳」〔二三〕によれば、百姓が三四軒、「屋敷者」が五軒、「借屋者」が一軒、寺が一軒である。このうち「当所代々」の者が三六軒、「当所新参」の者が五軒いる。「屋敷者」は五軒で、「寛文七年未ノ年五人組帳」〔九〕には、「甚五右衛門屋敷の者」として助右衛門・市郎兵衛・仁右衛門・左次兵衛の四人が記載されており、女房・子供・親と同居して家族を構成している。かれらは下人のなかで、主人の屋敷内に一軒の家を構えた隷属農民と考えられる。

方所持表

収納高（籾）	名　　前	田方面積（町反畝歩）	収納高（籾）
224俵　８升	23　ぬい之助	５反５畝24歩	８俵　３升
67俵４斗１升	24　清　蔵	５反３畝４歩	７俵４斗６升
30俵６斗２升	25　栗　原	４反４畝	６俵２斗４升
30俵４斗７升	26　ねき佐左衛門	４反３畝18歩	６俵２斗
23俵５斗８升	27　八右衛門	３反９畝６歩	５俵４斗６升
18俵２斗７升	28　連大寺（蓮台寺）	３反３畝14歩	４俵５斗８升
22俵２斗６升	29　清右衛門	３反２畝20歩	４俵５斗
20俵５斗９升	30　喜左衛門	３反１畝15歩	４俵３斗８升
20俵５斗６升	31　惣左衛門	３反１畝	４俵３斗３升
17俵４斗６升	32　久左衛門	２反８畝２歩	４俵　３升
13俵６斗	33　金右衛門	２反３畝	３俵２斗２升
13俵４斗７升	34　法正寺（宝性寺）	２反２畝10歩	３俵１斗６升
13俵３斗６升	35　六兵衛	２反	２俵６斗２升
12俵５斗３升	36　内蔵丞	１反８畝25歩	２俵４斗９升
12俵５斗１升	37　半左衛門	１反６畝19歩	２俵２斗８升
12俵２斗	38　平右衛門	１反４畝10歩	２俵　５升
11俵３斗８升	39　万光院	６畝16歩	６斗６升
11俵２斗１升	40　正西寺	４畝	４斗
８俵５斗３升	41　隼　人	２畝	２斗
10俵２斗１升	42　杢之助	１畝３歩	１斗１升
８俵４斗９升	43　主　水	１畝	１斗
８俵４斗２升			
収納高合計	691俵３斗１升		

より作成.

表1　寛永14年（1637）下田嶋村農民の田

	名前	田方面積（町反畝歩）
1	彦右衛門	15町6反7畝7歩
2	源左衛門	4町8反2畝8歩
3	市之丞	2町1反4畝2歩
4	尾嶋金左衛門	2町1反2畝18歩
5	市兵衛	1町6反5畝5歩
6	長兵衛	1町5反5畝20歩
7	主馬之助	1町5反5畝1歩
8	織部	1町4反4畝15歩
9	伊左衛門	1町4反4畝7歩
10	助兵衛	1町4反3畝5歩
11	六左衛門	9反6畝歩
12	彦兵衛	9反4畝24歩
13	源七郎	9反4畝17歩
14	小左衛門	8反8畝16歩
15	三郎左衛門	8反8畝7歩
16	小右衛門	8反5畝3歩
17	隼人	8反
18	藤右衛門	7反8畝10歩
19	正兵衛	7反4畝19歩
20	二郎左衛門	7反1畝12歩
21	半右衛門	6反　10歩
22	作右衛門	5反9畝19歩
田方面積合計		49町8反3畝14歩

注　「寛永十四年田方名寄抜書」（新田文庫）

大沢宇右衛門と高山郷左衛門が、知行所の名主・組頭を勤めていたが、名主の宇右衛門は下男・下女を一四人（抱者を含めると一五人）、組頭郷左衛門は一〇人をそれぞれ抱えている。宇右衛門や郷左衛門は、下男下女を一〇人以上抱えた家父長制的な大経営の百姓である。一町歩を所持する農民が下人を二人程度抱えていたことから判断すると、宇右衛門や郷左衛門の経営規模では、五町歩から一〇町歩程度あり、他の百姓よりも飛び抜けて大きかった。

2　年中行事の諸儀礼

岩松氏の年中行事

岩松氏の年中行事の内容は、文化一〇年（一八一三）に作成された「年中行事」に詳細に記録されている。ここでは、「年中行事」に即して、毎年繰り返される岩松氏の年中行事を見ることにする。

年中行事の内容は、表2に示したように、第一に、正月・五節句・盆・八朔《はっさく》等の民俗的な祝日の儀礼、第二に朔日《ついたち》（一日）・一五日・二八日の月次の儀礼や具足の祝い、表向年頭礼《おもてむきねんとうれい》などの武家儀礼、第三に寺社の祭礼行事への参詣である。

先述のように、岩松氏は幕の一二月二二日前後に館を出発し、正月三日江戸城において白書院の廊下で将軍への年頭拝礼を行う。江戸城内では「柳の間」に詰めており、外様大名並の扱いを受けていた。

だが、参府しない時には、家臣団、知行所の村役人・百姓、近辺の出入りの者などが新年の挨拶に来る。「御玄関帳」は元日から五日まで用意され、来訪者が記帳するようになっていた。

以下、一年間の主な行事を挙げてみよう。

元日に殿様は、「鎮守様」「王子藤森稲荷」「躑躅《つつじ》森稲荷」「年徳神《としとくじん》」「御霊《ごりょう》」「八幡」「山王宮」「新田

表2　岩松氏の年中行事の構造

年　中　行　事		知行所関係行事	
1月1～3日	年頭の御礼		
1月4日	寺社の年頭御礼		
1月7日	七草の粥	1月6日	山入り
1月11日	蔵開き		
1月14日	しめ納り	1月14～16日	小正月
1月18日	具足の祝い（表向き年頭御礼）		
1月23～25日	由緒の者年頭御礼		
2月初午	屋敷林の稲荷と細谷稲荷へ参詣		
3月3日	上巳の節句	3月21日	鎮守山王宮の祭礼
4月17日	世良田東照宮参詣	〈4月中旬苗代作り〉	
5月5日	端午の節句		
6月1日	氷餅	〈6月中旬田植と農休み〉	
6月15日	世良田天王祭礼		
6月19日	木崎天王祭礼		
6月24～25日	尾嶋祭礼		
7月7日	七夕	7月7日	鎮守山王宮の祭礼
8月1日	八朔	〈7月宗門人別改め〉	
8月15日	岩松八幡宮参詣		
9月9日	重陽の節句　鎮守祭礼	〈9月中旬検見〉	
10月	玄猪	10月10日	十日夜
		〈10月中旬田方勘定〉	
		〈11月中下旬蔵納め〉	
12月1日	ひだり餅		
12月13日	煤払い		
〈12月中旬家中への切米渡し〉			
12月21日	江戸出府		
12月27～28日	餅搗き・松飾り		

注　「年中行事」（『新田文庫資料集Ⅰ』群馬大学附属図書館，1986年）より作成.

大明神」「七福神」「疱瘡《ほうそう》神」の神拝を済ませた後、「御奥向御神拝並びに御仏前御札」を済ませて元日の儀式に臨む。

四日は寺社が年頭の拝礼に来るが、寺社の格によって、僧侶や使僧の通される部屋が異なる。岩松氏の墓所のある長楽寺の僧正は別格で「御書院御上段」に通され、惣持寺・大通寺・青蓮寺は「御書院御二の間」、明王院は「御六畳の間」、そのほかの寺社は「御玄関取次」となっている。

四日に知行所の蓮台寺が、四節の御札の初献上を行う。元禄五年（一六九二）に、嫡男（幸寿丸）の誕生を祝って、岩松富純は蓮台寺の屋敷地六畝二六歩を除地として年貢を免除とした。それ以来、住持が五節句と朔望廿八日の御札に罷り出ている。寺社の献上の御札に対する返礼として「初穂」と「年玉」を納める。各寺社の献上御札と岩松氏の初穂については、表3に示した通りである。また、

備考
元禄年中より6畝26歩が年貢除地「五節句幷朔望廿八日御礼其外御吉凶ともに罷出候」
文化六年より

表3　寺社への初穂

寺社名	献上御札	初穂
蓮台寺	四節の御札	
下野八幡神宮寺		30疋
岩松八幡宮		10疋
新田大明神		24銅
金剛寺地蔵尊		30銅
(岩松村)		
千手院不動尊		10疋
山王宮		10疋
(下田嶋村)		
世良田普門寺	八幡宮御札(正月八月両度)	初穂なし
世良田惣持寺	岩松八幡宮御札四節	初穂なし
田嶋寺	山王御札	年玉献上
安養寺村明王院	不動尊護摩の御札	年玉献上
木崎大通寺	大般若の御札	初穂なし・年玉献上
岩松千手院	不動尊の御札	初穂なし・年玉献上
細谷村教王寺	稲荷の御札	初穂なし
世良田天王神主朝倉大和	御祈禱の御祓	初穂200文
西上州榛名山	般若坊御札	初穂300文
赤城山大禰宜桜井能登守	御　札	初穂20疋
伊勢大神宮（御師三日市太夫次郎)	一万度御祓・鯨1本・暦・長熨斗・扇子3本入	金100疋(間の年青銅50疋)
内宮御師上野清太夫	一万度御祓・鯨1巻・暦・御熨斗・伊勢箸	30疋
磯部大神宮御師赤坂十太夫	御　祓	20疋

注　「年中行事」(『新田文庫資料集Ⅰ』群馬大学附属図書館，1986年）より作成．

周辺の寺社だけでなく、赤城や榛名の御師《おし》、伊勢神宮の外宮内宮《げぐうないぐう》の御師も訪れている。

七日が七種の祝い、一一日が蔵開きである。一四日は歳越《としこし》の祝いがあり門松を取り年男に下される。一五日の朝は小豆《あずき》の粥《かゆ》が出される。一八日は具足の祝いだが、元来は八幡宮を尊ぶ意味で一五日であったものが、江戸参府を勤めるようになってから一八日頃になったものである。二三日から二五日に「御家来筋並びに御由緒の面々年頭御礼」が行われる。後者は文化九年（一八一二）より新たに制度化されたものである。岩松氏より由緒の者に対して中黒の「御紋付御上下《かみしも》」が付与されている。二八日に安養寺の不動尊を参詣する。

二月の初午は稲荷の祭日で、「御林《おはやし》稲荷様・御鎮守様御末社王子稲荷・藤森稲荷様御祭礼につき、殿様御熨斗《のし》御麻上下にて御参詣」とあり、屋敷内の三つの稲荷と細谷稲荷へ参詣している。八日は事始の祝儀で、夕方小豆のご飯を下付する。二月には大光院義重公御位牌所への拝礼が行われる。

三月三日は上巳《じょうし》の節句で、「御神前向御拝礼、草餅残らず御神献也」と記されている。四月八日は釈迦の誕生日で、在家では藤の花で祝う。四月一七日は世良田東照宮へ参詣する。

五月五日は端午《たんご》の節句で、「御鎮守様御神拝、鎮守山へ茅巻一懸・柏餅一重そのほか御神前向へ茅巻弐本・柏餅御神献の事」と記されている。六月一日は氷餅を鎮守山と大黒天へ献上する。六月一五日は「御先例の通り、新麦にて冷麵出来、天王様へ御備え」と新麦で冷麵を作り、諸天王へ献上した。一五日は世良田天王祭礼、一九日は木崎天王祭礼、二五日は尾嶋町の牛頭《ごず》天王祭礼など周辺の天王祭礼へ参詣する。

七月七日は七夕で神前に拝礼し、「鎮守山へ蓮飯」を献上する。そして、知行所下田嶋村の鎮守山王宮と名主要蔵の屋敷内にある「本地の堂」へ参詣する。

お盆は七月一三日から一六日まで。一三日は迎え盆で、知行所の九兵衛屋敷より献上された竹で盆棚を作り、殿様は「麻上下」を着用して先祖の霊を門前に出迎えた。一五日は朝赤飯を七夕と同様に蓮葉へ包み、「御鎮守山大黒天」へ献上し、殿様が長楽寺の「御位牌所御廟所」へ拝礼に行く。一六日は送り盆で、知行所蓮台寺の廟所へ参詣する。守純・豊純・秀純の三代までは菩提寺が普門寺であったが、富純の代の元禄一一年（一六九八）八月に菩提所を長楽寺へ移している。七月に宗門人別改めが行われている。

八月一日は八朔の祝儀で、黄粉《きなこ》餅が下付される。五節句と同様に鎮守山の神前にしょうがの葉が備えられる。一五日は八幡宮の祭礼日で、赤飯をつくり「御鎮守山御神前八幡宮」へ備える。その後、岩松八幡宮・新田大明神へ参詣する。夕方は月見の祝いである。

九月九日は重陽《ちようよう》の日で先祖を祭る。「鎮守山並びに御林稲荷様御祭礼」とあり、鎮守山と御林稲荷へ拝礼する。御幣《ごへい》一本・御供《おそなえ》一重が岩松八幡宮、下田嶋村山王宮、世良田元御陣屋へ下付され、安養寺不動尊と岩松千手院不動尊へ御供一重が下付されている。一三日は月見の祝いで、小豆団子が下付される。一四日は四節の「日待」で惣持寺より代僧が来る。また、この日は新米で餅八升をつく。

一〇月の初亥日は玄猪《げんちょ》の祝いで、「今夕玄猪祝事摩利支天《まりしてん》へ餅酒を献し、家人までこれを配す」（二二）とある。家来衆は麻の上下を着用して午後八時すぎに出仕し、殿様にお祝いを申し上げている。

秋は年貢収納の季節であり、一〇月の田方検見の時に「懸り御役人中」へ野先弁当が配され、田方勘定の時に酒肴一種が殿様より配された。年貢の皆済《かいさい》後に「地方御役人・御米見名主組頭」へ中の口において料理をもてなしている。

一一月一日は小豆のご飯を鎮守山御神前向へ備える。一二月一日は「今朝川ひたりにつきほたん餅」をつくり配される。一日より一〇日までにおせちの餅をつく。一二月一三日は煤払《すすはら》いの日で、「御譜代御家来」より年番で一人、門前の足軽より一人が勤める。一七・一八日頃に「御家中御切米渡候につき、何も銘々手形持参罷出頂戴の事」とあり、家臣団に扶持米が渡された。

二二日の明七つ時（午前四時）お供を揃えて、六つ時（午前六時）に江戸へ出発した。家来のうち二人、村役人のうち一人が熊谷宿まで見送りをした。二二日より翌年の正月の帰館までの留守番は、「定御留守居の外、御知行所御侍並びに御足軽村役人共」が交替で勤めている。

二七・二八日は餅つき・松飾りの日で、餅つき餅練《もちねり》の人足は知行所より二人が駆り出され、諸飾は「御曲輪御譜代の御家来」が出てきて指図をした。大松飾りの場所は鎮守御宮御本社、鳥居、藤森稲荷・王子稲荷両社、御林の稲荷、その他七ヵ所であった。

以上が岩松氏の年中行事の概要である。年中行事の諸儀礼は、家臣団にとっては主従関係の更新を意味し、由緒の者にとっては「旧臣」意識を確認する場となっていたのである。そして、知行所の村役人や百姓にとっても領主との関係を更新する場であった。

儀礼の意味

家臣の場合、一日・一五日・二八日の月次《つきなみ》の儀礼、「具足の御祝」「表向年頭御礼」などの武家儀礼に参加する。月次の儀礼は、孝純の代の元文五年（一七四〇）より義寄の代までの日記には記述されていない。徳純の代の寛政一〇年（一七九八）より月次の儀礼が日記に記述されるようになる。また、知行所村役人・百姓が岩松氏の年中行事に参加するのは、正月の年頭の拝礼、具足祝い、上巳の節句、端午の節句、八朔の行事である。

本来、領主と家臣との主従制的関係を更新する場としての具足の儀礼は、同時に領主と百姓との関係を更新する場として機能していた。延宝八年（一六八〇）一月一一日「具足の餅祝元来は十五日に祝うべきところ、江戸参勤につき今日かくのごとし、この餅は家の筋目の者これを割、山折敷にて載、その後上下心次第食す、十五日に開事は八幡宮を当家に尊ぶ故なり」（八八一）と記され、具足の祝いは八幡宮を尊び一五日であったが、江戸参勤のため延宝八年（一六八〇）頃には一一日頃に行うようになった。天和二年（一六八二）では、一月三日に具足の祝いが行われ、翌四日知行所の百姓四〇人に饗飯を下付している。

具足の祝いには、下田嶋村の村役人も参加していたが、知行所の百姓を儀礼のなかに位置づけたの

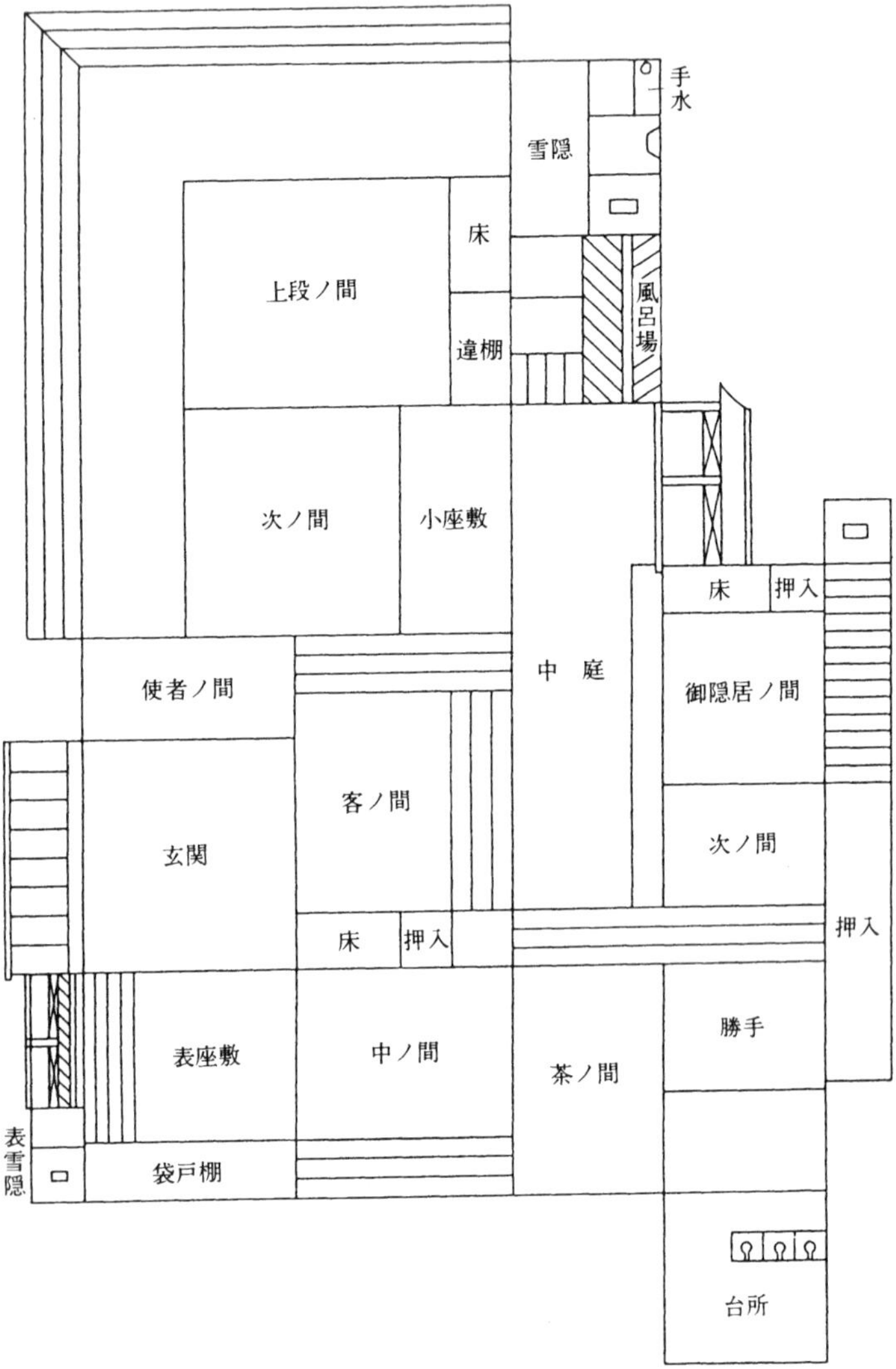
手水
雪隠
床
上段ノ間
違棚
風呂場
次ノ間
小座敷
床
押入
中　庭
使者ノ間
御隠居ノ間
客ノ間
玄関
次ノ間
床
押入
押入
勝手
表座敷
中ノ間
茶ノ間
表雪隠
袋戸棚
台所

岩松屋敷の間取り

表4　儀礼の拝礼場所と下付物

身　　　分	下付の場所	下付物
①正月元日～3日		
「御家来衆」	「御勝手」	雑煮餅
「御知行所御侍格」	「御勝手」	焼　餅
「御仲間」	「御下にて」	雑煮餅
「御足軽幷御知行所村役人」		焼　餅
「御隣村御出入之者共」	「御中口へ御礼に罷出候」	焼　餅
②3月3日「上巳之御祝儀」		
「御譜代御家来中」	「御勝手」	草　餅
「御知行所村役人幷御出入」	「御中之口へ罷出候」	草　餅
「御知行所惣百姓」	「御玄関迄当日御礼に罷出る」	
③5月5日「端午御祝儀」		
「御譜代御家来中」	「御勝手」	茅巻一本ツツ・柏餅
「御足軽幷御知行所村役人幷御出入」	「御中之口へ罷出候」	茅巻一本ツツ・柏餅
「御知行所惣百姓」	「御玄関迄当日御礼に罷出候」	
④8月1日「八朔御祝儀」		
「御譜代御家来中」	「御勝手」	黄粉餅
「御出入之者」	「御内玄関へ罷出候」	黄粉餅
「御足軽幷御知行所村役人」	「御中之口迄罷出る」	黄粉餅
「御知行所百姓とも」	「御玄関敷石迄罷出る」	

注　「年中行事」(『新田文庫資料集Ⅰ』群馬大学附属図書館，1986年) より作成.

は、徳純の時代からである。寛政一一年（一七九九）正月一五日の日記には、「御曲輪《くるわ》一家中・蓮台寺・足軽中・御知行所村役人・惣百姓代、当年より殿様御存寄これあり、御礼に登館御座《ざ》舗《しき》にて殿様へ御礼申上る」（一八九）と記され、知行所の村役人・惣百姓代は「御玄関鋪台に上り」、百姓代は「敷台の下にて」、蓮台寺法印は「御座敷の内角の所にて」とそれぞれ拝礼する場所が定められている。そして、徳純の代から、具足の祝いに惣百姓へ金一〇〇疋《ぴき》が下付されるようになり、知行所の百姓を儀礼のなかに位置づけ直そうとした。さらに、安政三年（一八五六）からは知行所だけでなく相給（旗本桑山氏と三枝氏の知行所）の村役人も具足の儀礼に呼び、彼らに金一〇〇疋を下付している。このように具足の祝いの対象は、領主と百姓との間だけでなく他の知行所百姓との間にまで及んでいる。

具足祝いの儀礼の場所は、「御家来衆」「御譜代御家来中」は「御二の間御入頬《いりがわ》」東より「二畳目」で、蓮台寺・由緒の者は「御二の間御入頬」東より「一畳目」で、「御足軽中」は「御書院ヌレ縁」で、知行所名主・組頭・百姓代は「御玄関」で御礼を述べる。身分が高い者ほど拝礼の場が殿様に近い位置にあり、岩松氏に対する身分の上下で儀礼の場所が決められていた（岩松屋敷については三六頁の図を参照）。なお、岩松氏の屋敷の普請は、宝暦七年（一七五七）と文化七年（一八一〇）に行われている。

その他に、正月二三日から二五日までの「御家来筋並びに御由緒の者年頭御礼」の儀礼は、文化九年（一八一二）より新たに制度化されたものである。この儀礼の設置は、岩松氏が由緒の者を年中行事のなかに新たに位置づけようとしたもので、岩松氏より由緒の者に対して中黒の「御紋付御上下」が付与されている。

また、年頭献上物は、「御家来衆」「御譜代御家来中」（「御知行所御中小姓格」）が扇子《せんす》一対、蓮台寺が和紙一束、「御足軽」が二本入扇子箱一箱、「御知行所名主組頭」が和紙一束、「御知行所惣百姓共」

が和紙一束であった。殿様の下付する食物を見ると、正月の元日〜三日には、「御家来衆」「御仲間」は「雑煮餅」を下付されているのに対して、「御知行所御侍格」「御足軽並びに御知行所村役人」「御隣村御出入の者共」は「焼餅」を下付されている。上巳の節句では草餅・甘酒、端午の節句では柏餅・茅巻、八朔では黄粉餅が殿様から下付される。下付される場は、「御家来衆」「御知行所御侍格」は「御勝手」で、「御足軽並びに御知行所村役人」「御隣村御出入の者共」は「御中の口」で下付され、「惣百姓」は玄関で拝礼するだけで下付されない（表4参照）。

そして、岩松氏の年中行事は、徳純の代である一九世紀初頃から再編される。文化一〇年（一八一三）二月二三日の日記には、「宇平次来り、昼より年中行事を草稿す」、三月一〇日「宇平次・軍輔来り、年中行事相認る」（二三六）と記されている。文化一〇年の二月から三月にかけて、徳純の命を受けた家来の宇平次と軍輔の手によって年中行事がまとめられていることがわかる。

このように、年中行事の諸儀礼は、岩松氏と「御家来衆」「御知行所御侍格」「御足軽並びに御知行所村役人」「惣百姓」との贈答慣行と拝礼を通して主従制的な関係を更新する場であった。さらに、それだけでなく、「由緒の者」を年中行事のなかに新たに位置づけることによって、岩松氏の社会的基盤を広げようとしていたのである。

代替り巡見

殿様の代替りの際の知行所巡見も、新しい領主と百姓との関係を形成する大切な機会であった。記録に残る代替りの知行所巡見は、徳純・道純・俊純の三代に行われている。徳純は寛政九年（一七九七）に家督を相続し、享和元年（一八〇一）に代替り巡見を行い、道純は文政八年（一八二五）に家督を相続し、天保二年（一八三一）に代替り巡見を行い、俊純は安政元年（一八五四）に家督を相続し、安政二年に巡見を行っている。巡見の際に、「田方小前連印帳」「畑方小前連印帳」が作成される。

享和元年（一八〇一）三月一〇日の徳純の巡見は、次のように記されている。

知行所巡検行（四郎左衛門・軍助・遠太・卯節・競・足軽四人）鑓挟箱先、木崎田より始り、春中深田子廻り通り段々巡検す、小休弁当所は東田嶋源内宅・名主金右衛門・蓮台寺なり、名主方にては酒肴饗す、田畑共持主の名前を写し立て致し置、銘々印形これを取る、そのほかコサ切水口抔《など》吟味それぞれ申し付ける、館へ六ツ時帰る……百姓共ならびに出作の者まで祝義として画壱枚づつこれを与う　〔二〇二〕

家臣五人、足軽四人、合計九人を引き連れ、鑓挟箱を先頭にした行列を組み、知行所を巡見している。そして、田畑の持ち主の名前を写した札を立て、帳面を作成して百姓の印形を取っているが、その際、知行所百姓や出作の百姓に祝儀として絵（猫絵か？）を一枚ずつ与えている。

天保二年（一八三一）四月の道純の代替り巡見の時には、田方と畑方の小前連印帳が残っており、田方では土地番号、畑方では字名が記され、一筆ごとの土地面積と土地所持農民の名前と印が記載されている。その「畑方小前連印帳」〔三一八〕には、次のような記載がある。

（2）天保二年の畑方小前連印帳

茶原
一屋敷林四畝弐拾四歩　　尾嶋
又　市（印）

鉄平
一野銭地壱ケ所　　裏尾嶋
友　七（印）

（中略）

御代替につき、このたび御知行所御巡検仰せ出され、田畑屋鋪先規の通り巨細穿鑿《こさいせんさく》を遂げ、御百姓残らず罷《まか》り出、銘々壱札申し付け、御水帳の通り少《すこし》も相違ござなく候、御見分により御当日至り小前印形取置、御覧に入れたてまつり候、以上

天保二年辛卯四月

小幡隼之輔
亀岡誠一

名主
茂右衛門（印）

組頭
弥右衛門（印）

百姓代
庄　蔵（印）

右の史料から、代替りの巡見で、現在の田畑屋敷の所持を検地帳とつき合わせて確認し、小前百姓の印形を取って、道純の「御覧」に供していたことがわかる。

また、俊純の代替り巡見の安政二年（一八五五）二月二八日の日記には次のように記されている。

代替先儀にて領分巡見出候につき、今日五半時出宅にて巡見に罷り越し、こなた久米・友之助・高之助・喜三郎・啓之助・文蔵召連れ、合給新助方御執当にて、それより同所金助方へ立寄り、酒出し家来共へまでも酒出す、巡見相済む八時のよしなり、領分名主庄蔵方へ立寄り候ところ、酒出しこれまた家来共まで出す、跡にてめしも出す、先儀につき画壱葉づつ小前の者まで差遣す〔四四四〕

このように、家臣六人を引き連れて知行所を巡見しているが、知行所名主庄蔵宅と相給金蔵宅で酒が出され、俊純からは「先儀」にならって知行所の小前百姓へ絵が下付された。なお、俊純の代も道純の代と同様に、「田方反別改帳」「畑方反別改帳」が作成されている。

中世以来、土地に対する諸権利は、代替りごとに認定、安堵という手続きを経なければならないという認識があり（富沢清人「検注と田文」〈『講座日本荘園史』二〉）、百姓の土地所持は領主の代替りごとに安堵されてきた。徳純の代替り巡見以前の記録が残されていないことから、代替り巡見の儀礼そのものは、徳純の代替りの際に新たに制度化された可能性がある。

村役人から殿様や家臣に対して酒食が振舞われ、殿様から百姓全員に対して絵が与えられており、代替り巡見は互酬的な儀礼である。そして、百姓の所持していた土地を一筆ごとに確認して、「田方反別改帳」「畑方反別改帳」が作成され、百姓の土地所持を安堵することが領主の責務と考えられていたのである。代替りの巡見は、知行所を一巡する象徴的な儀礼であり、これによって領主と百姓との関係を更新し、領主支配の正統性を百姓が承認したものと考えられる。

＊藤木久志「村から見た領主」（『朝日百科・歴史を読みなおす13　家・村・領主』）によれば、延宝四年（一六七六）の夏に将軍家綱が死んで綱吉に替わり、秋には後水尾法皇が死に、風水害・地震があいついで「秋冬より大飢饉」となった。次の年、幕府は諸国に巡見使を派遣し、天皇は年号を天和と改めた。改元は天災などの危機を避けようとする天皇の伝統的な対策であったし、巡見使の派遣も将軍の代替りごとに幕府の演じる重要なパフォーマンスであった。幕府から「御代替につき御巡見使様」がやってくると、美濃の村々は競って減税の訴え（目安）を差し出している。代替りを民衆がどのように認識したかを知る上で興味深い。
江戸幕府の臨時職制の一つに、幕府の諸国巡見使と国々御料所村々巡見使とがあった。前者は天和元年（一六八一）以来、全国を八地域に分けて、将軍の代替りごとに行うようになり、七代徳川家継の時を除いて一二代将軍代替りの天保九年（一八三八）まで続けられた（寛永一〇年〈一六三三〉を第一回とする考え方もある）。後者は正徳二年（一七一二）から全国の天領を対象として行われ、延享二年（一七四五）からは諸国巡見使と同じく代替りごとに行われ、天保九年まで続けられた。

下田嶋村の年中行事

今まで、岩松氏の年中行事を中心に述べてきたが、ここでは、農民の年中行事をみてみよう。下田嶋村の年中行事については、岩松氏の日記のなかでは断片的に記述されているのみである。そこで明治四三年（一九一〇）に編纂された『宝泉村郷土誌』の「休日制度、労働上ノ習慣」と下田嶋村の民俗報告（『新田郡宝泉村誌』）によって、下田嶋村の年中行事を再構成してみよう。

なお、正月盆と五節句の祝日では共通するが、岩松氏の年中行事とは異なる百姓独自な儀礼として農耕儀礼がある。ここでは、岩松氏の年中行事と重なる正月・盆・節句を省略して、農耕儀礼を中心に述べることにしたい。月日は旧暦で表示した。

正月六日は山入りで山の神様に幣束をたててお参りをする。一一日は鍬立ての日で、畑に松を立て、米・魚を供え、神酒《みき》を上げ、形ばかりの作を作る。一一日は倉開きの日で、倉のある家では、倉を開いて祝った。一四日から一六日は小正月、繭王《まゆだま》正月ともいう。一四日に新たに餅をつき、米の粉にて繭玉を作り、これを桑の木株に差し、室内に飾った。

三月に入り、八十八夜前後に、養蚕の掃き立てと苗代《なわしろ》を行う。苗代をしてから、苗間の水口のところへ水よけとして、かゆかき棒（一五日の朝小豆がゆを煮る時に用いる棒）三本を立てておく。これは、五穀豊饒を祈るためであった。

五月には麦刈りをなし、麦の後作として大豆を蒔く。六月一日に、疫病が村へ入らないようにと、村の入口に竹ざおをたて、注連縄《しめなわ》をはった。田植は入梅後に始まり、半夏頃《はんげ》に至って終る。下田嶋村は、待矢用水の末流にあたるので田植は遅く、「半夏までに、田植をすませればよいといった。半夏を中心に田植をしたので、半夏半田植といった」。半夏は夏至から一一日目に当たる日で、新暦では七月二日である。梅雨が明ける頃が田植の終期とされている。

七夕は村の鎮守山王宮の祭礼日でもある。天王様をだして、村人が参詣する。各家庭では、この日、赤飯・煮しめのご馳走をする。一三日が迎え盆で、夕方寺まで提灯をもって先祖の霊を迎えに行く。一六日が送り盆で、この日には、になわといって太いうどんをつくって生のまま供えた。また、野菜をさいのめに切って、おみやげとして墓へもって行って供える。このときは提灯をつけて行き、提灯の火で線香をあげた。七月二四日の先祖の野まわりは、位牌《いはい》を風呂敷に入れて背負って、田畑をまわる。これはご先祖さまに、田畑の作柄を見てもらうもので、その家の主人が、線香をつけて、自分の家の田畑をみせてまわった。

八朔は新穀を収穫し、タノモノ節句として祝う。八月一五日はお月見で、「男の子は、近所のカキの実やスイカ、ウリなどをぬすみに行った」。名月の晩は、果物や供え物の団子を盗んでも罪にならなかったのである。九月一三日がお月見、九月二九日がオクンチで、家の屋敷神の祭日で、わら宮を作り替えてお祭をし、豆腐や赤飯を供えた。一〇月一日は神送りの日、よろずの神が出雲の大社へ出かける日である。一〇日は十日夜、男の神様をまつる。餅をついて、月の数だけの餅を稲束の上に供え、田の神が天に上るのを祭る。二〇日はえびす講で、えびす・大黒様をまつり、神様が年間働いてくれたことに感謝する。そして、一一月一日は神迎えの日で、村の鎮守様へ赤飯を持ってお迎えに行く日。若い年頃の男女によい縁談があるようにとお祈りをする。一五日は油祝で、アワメシを食したり、餅（油餅）をついたりした。

一二月一日には餅をついて水神様にあげる。カビタリモチをあげるのは、水田でけがをしないようにという意味があったという。一三日は煤《すす》払いの日で、煤払いを済ませてから、使ったほうきを、鬼門の方向に立てておくが、これには魔除けの意味があった。

以上が、『新田郡宝泉村誌』の下田嶋村の民俗報告をもとにして年中行事を再構成したものである。

日記のなかの農耕記録

岩松氏の日記にも知行所の農耕の記録が断片的に記されている。

苗代については、貞享二年（一六八五）四月一二日「近辺百姓苗代をする」〔一五〕と、旧暦の四月の上旬から中旬頃に苗代をしている。これは新暦の五月中旬にあたる。

麦取については、元禄五年（一六九二）四月一九日「民家かいこ麦取納、大豆仕付田作等よろしく」〔一二〕と記され、麦取は旧暦の四月一九日、新暦では六月三日である。

田植については、元禄四年（一六九一）六月三日「知行所田方仕つける」〔二四〕、元禄五年（一六九二）五月一八日「民家苗を植る」〔二五〕と記され、田植が始まっている。新暦の六月下旬頃から七月上旬頃である。文化一〇年（一八一三）六月一八日「今日知行所田方植付相済につき、農休の中出今日明日迄」〔二三七〕と記され、旧暦の六月中旬頃、新暦の七月中旬頃に田植が終わり、農休みを取っている。田植の直後に二日間の農休が実施されているが、農休みは世良田や尾嶋の天王祭の前頃である。

検見が行われるのは、旧暦の九月中旬から下旬にかけてで、新暦の一〇月末頃から一一月中旬頃にあたる。新米は旧暦の九月初め頃、新暦の一〇月中旬頃取り始める。田方勘定が行われのは、旧暦の一〇月中旬頃、新暦の一一月下旬頃である。年貢皆済《かいさい》は旧暦の一一月中旬頃から下旬頃、新暦の一二月下旬頃である。

また、雨の降らない年には、雨乞《あまごい》の祈禱が村で行われた。貞享四年（一六八七）四月一日「連日旱《かん》天《てん》につき、知行所雨乞の遊をいたすよしなり」（一八）、同二二日「去年十月頃より旱天、民家渇水す田畑多く損す、遠近挙て雨乞の祈禱を致し遊す」、五月一六日「昨夜より雨にて知行所へ水道通す、民家喜悦す」、同二三日「田畑長雨につき耕作有り、益民家喜悦す」（一八）と、知行所の百姓は雨乞の祈禱をして遊日としている。そして、待望の雨が降り、「民家喜悦す」と喜んでいるさまも記されている。

正月の出直し

現代社会では正月は年に一回しかないが、近代以前の社会では二回行う年もあった。作物が思わしくなかったり、世間の景気が悪かったり、悪疫が流行したりした時には、村中が申し合わせて、正月をし直すのである。門松を立て注連縄を張って、もう一度正月をして祝い直す行事である。「俄《にわか》正月」「取越《とりこし》正月」「流行《はやり》正月」とも言われている。

下田嶋村にも「流行正月」が記録されている。安政四年（一八五七）三月一四日「この節悪風邪流行につき、知行所にて正月出直とか誦《となえ》、今日より正月いたし候よしなり」（四八一）、同一六日「知行所百姓共今日まで三日の間、正月出直のよしなり」（四八一）と、「悪風邪」が流行したので、三月一四日から一六日までの三日間、正月の出直しが実施された。

流行正月は翌年の安政五年（一八五八）に尾嶋でも行われた。九月七日「疫病流行を在尾嶋にては今日より初候よしにて、三日間正月相祝候よしにて、門松建かつ六月祭礼のごとく、天王の御輿《みこし》出候よしにて、御輿の回り候声遙に聞る」（五一二）と記されている。下田嶋村と同様に「疫病流行」を理由に三日間の「正月」が挙行され、門松が建てられ、六月の天王祭礼と同様に御輿が出ている。

ところで、この時期将軍家定が八月八日に死去し、そのことが下田嶋村には一三日に伝わっている。

> 公方様去る八日薨《こうぎょ》御遊され候につき、普請鳴物停止《ふしんなりものちょうじ》の趣今朝出させ候事、尤《もっとも》家来共月代《さかやき》相成ざる段も申渡し候事、魚鳥留の札友之助門前の入口、金井屋敷脇の入口両所へ懸させ候事、又今日より始にて毎日一人づつ来る共、一統にて知行所見回り一度回り候様申し付け、又庄蔵にも見回り候様申し付け候事　（五一〇）

この時には、普請鳴物停止（将軍や天皇などの死去の際に、普請や楽器の演奏を禁止すること）が伝達され、家来たちの月代の禁止、百姓たちの魚鳥取りの禁止の札が二ヵ所に懸けられ、家来と名主が毎日知行所を見回るよう俊純が命じている。この知行所の見回りは、九月二八日の中陰《ちゅういん》（死後四九日まで）の日まで続けられていた。岩松氏も例年九月九日は鎮守祭礼の日であるが、中陰の期間なので祭礼を延期している。

だが、尾嶋の流行正月は、将軍家定の中陰の期間にもかかわらず挙行されている。鳴物停止のなかでの正月祝いであった。尾嶋の百姓・町人にとっては、将軍の死去よりも疫病を祓《はら》うために正月をし直すことのほうが重要であり、民衆の公儀離れは着実に進んでいたのである。同様の事例に、万延元年（一八六〇）九月一〇日に水戸の徳川斉昭《なりあき》の逝去につき鳴物七日間、普請一日間停止が言い渡されている。ところが一五日に「庄蔵より新助をもって昨夜焼失の届書差し出し、神棚灯明の余火にて焼失のよし届、内実は花火上げ候所、右の火屋根へ届き、それより天井へ燃入候よしなり、停止中に候えども、差免遣し候事なり」〔五四七〕と記されている。鳴物停止の期間中に花火を上げて屋根を焼失しているのであるが、この一件は公にはできないため、神棚灯明の余火で焼失したことにし、処分を下していない。幕末期における鳴物停止令と民衆との関係を物語る象徴的な事例である。

流行正月はその後も行われていた。安政六年（一八五九）八月二一日には「この節去秋天行《てんこう》の病流行にて、武州熊谷忍辺大分流行候よし、かつまたこの辺阿久津岩松流行候よしにて、尾嶋にては天王御輿回り俄《にわか》に催《もよおし》候よしなり、右につき当所も三王御輿回り候につき、今朝門前まで御輿回り候事少々御初穂上る」〔五二九〕と、流行病を理由に、熊谷から新田郡の阿久津村・岩松村、さらに尾嶋町・下田嶋村で流行正月が行われ、尾嶋の天王宮と下田嶋村の山王宮の御輿が回っている。

文久二年（一八六二）七月一八日にも「入夜に山王宮御輿回り候事（玄関前に御輿下し別当夫婦拝し候事、米並びに御初穂鳥目相備候事、先年偽コロリ病流行の節御輿回り候事、このたびもハシカ流行につき回り候事、人二百人まで来り候事）」（五七五）と、ハシカ流行を理由に先年の「偽コロリ病流行の節」と同様に御輿を回している。

流行正月は、疫病その他好ましからざる大事が社会生活の安寧を脅威する時、「正月のまねびをして疫を攘《はら》う」という考えで、難を避け除くために悪しき年を送って新たな年を迎えたのである（平山敏治郎「取越正月の研究」〈『歳時習俗考』〉）。正月は「新たなるものの出現、ものみなすべての復活する時」であり、流行正月の根本には商返《あきかえ》しの信仰がある（折口信夫「年中行事」〈『折口信夫全集　第一五巻』〉）。また、祭礼を行うことによって「悪風邪」を祓うという考え方の基底には御霊《ごりよう》信仰の影響があったと思われる。このように、村の農耕儀礼を中心とした年中行事や流行正月などの民俗儀礼は、武家の儀礼とは異なる独自の性格をもっていた。

3　領主の勧農機能

勧農機能の諸相

岩松氏の領主としての勧農機能は、第一に、用水普請の検分である。延宝八年（一六八〇）の日記には、三月八日「野中に用水の溜普請初る、縦五十三間横三十二間、御目代岡上次郎兵衛奉て手代坂田五郎左衛門奉行、今日知行所より人足出、愚も行見る」〔八八二〕と記され、用水普請を見に行くことも領主の勧農の仕事であった。また、堀浚《さら》いの検分にも家臣を派遣している。

苗　代（『農業全書』より）
図の右では苗代に施肥を行なっており，左では苗を取り，運んでいる．

第二に、苗代の斡旋である。宝暦七年（一七五七）五月一一日の日記には利根川の満水によって「知行所根廻り苗代、当上旬の出水に腐る、これによりこの間苗才覚事世話す」〔九九〕とあり、家来の宗兵衛を南河原村へ派遣したり、尾嶋の弥次右衛門を通じて武州別府の辺（現埼玉県熊谷市）の苗を問い合わせている。六月二〇日には「去る十八日先達て苗水腐につき、北郷より苗才覚す」〔九九〕と、北郷から苗代を取り寄せている。

第三に、日照りの時の雨乞《あまごい》祈禱の寺社への斡旋である。前述したように、日照りの時、村では雨乞の祈禱を行い、休日としている。そして、五穀豊饒を祈願するため、岩松氏は寺社に雨乞の祈禱や榛名《はるな》山への寺僧の派遣を依頼している。延享四年（一七四七）七月二日の日記には、日照りの時、「幸介へ榛名山水汲雨乞の事内証にて申し聞ける所、幸い東田嶋名主も所存これあるにつきて、今朝田嶋寺登山すと云う、幸介に八月まで金二両かす」〔九二〕と、東田嶋の名主と相談して、田嶋寺を榛名山へ派遣し、経済的援助をしている。しかし、雨が少ししか降らないため、さらに七月一七日には、岩松八幡宮の神主長谷川山城を榛名山に代参として知行所の人足とともに派遣している。その後、一八日の暮方に少し雨が降り、二〇日には亀岡の宝姓院住職の弟を赤城山に代参させている。二一日にも「長楽寺三仏堂において雨乞御祈禱す、八つ時申の方より雷出雨少々、南よりも雷出雨少々、夜に入東風曇りて雨少々ふる、全く請雨祈念故と見ゆる」〔九二〕と、長楽寺に雨乞の祈禱をさせ、その甲斐もあってか、二三日に雨が終日降る。しかしこの年は日照りの年であったようで、五「田は六月廿日時分より旱《かれ》て、今もつて水なし」という状況が続いていたのである。このように、五穀豊饒のために寺社に雨乞の祈禱を依頼することも領主としての責務であった。

また、宝暦二年（一七五二）の五月中旬より雨がなく田が乾地となったため、六月一五日に岩松千手院に雨乞の祈願を依頼している。それに応え、千手院は一六日より一九日まで雨乞の祈禱を行っている。

このような事例は岩松のような在地に居住する領主だけでなく、日照りの際に領内の寺社に雨乞祈禱を行わせている川越藩の事例が報告されている〔秋山伸一「雨乞行事と近世村落――武蔵国川越地方も中心に」〈『くらしとれきし』第一号〉〕。兵農分離制においても勧農機能の一つとして、領主による雨乞祈禱の寺社への依頼があったのである。

第四に、災害の被害を蒙った知行所の百姓に対する救済措置である。文化一三年（一八一六）閏八月四日「風雨なり四つ時前より大南風になり……前代未聞の珍事なり、門前の家々皆吹潰ると云うなり、家内皆々屋鋪へ欠込み、八つ半時は風止む」〔二五三〕、翌五日「知行所において百姓三軒吹潰る、見分相願につき四郎左衛門・武八郎差出役さす、左の通り、清右衛門・九兵衛・源助娘、半潰太四郎後家・佐右衛門、右吹潰取附手当として呼出し、一人につき二分づつ差遣す、すなわち何れも印形書取置き、都合一両二分なり、半潰れはまづ見合せ」〔二五三〕と、大風によって家屋を失った百姓三軒に対して金二分の手当金を出している。

以上のような岩松氏の五穀豊饒のための勧農が春の勧農であるとしたら、次のような秋の勧農は年貢収納のためのものである。

第一に、畑方の夏成年貢の完納である。享保二〇年（一七三五）六月二六日「夏成の御祝儀」〔七二〕、二七日「例年の通り夏成の御振廻」とあり、畑方の夏成年貢の収納と岩松氏の村役人に対する振舞い（饗応）があった。

第二に、九月中旬の頃から行われる検見《けみ》である。宝暦六年（一七五六）九月二三日に「名主忠右衛門小検見の小前帳持参差出す、明日天気次第宗兵衛・幸助差遣すべき旨申し付けるなり」〔九六〕と記され、名主が内検見をして小検見帳を岩松氏に提出し、それに基づいて家臣が検見を実施していた。

第三に、十月中旬に行われる田方の勘定である。明和四年（一七六七）一〇月二二日「田方勘定す、文治・忠右衛門勘定す」〔一一五〕と記され、田方勘定は家臣の文治と名主の忠右衛門が行っている。寛政一二年（一八〇〇）一〇月一〇日「今日田方大勘定、例の通り酒肴出す」〔一九六〕とあり、田方勘定を行う知行所村役人に対して酒肴が出される。

そして、最後に、一一月中旬の年貢の収納である。天明五年（一七八五）一一月二二日「今日蔵納なり」〔一四四〕、二三日「今日も蔵納例の通り相済み、百廿八俵余収納す」〔一四四〕と記されるように、「蔵納」とも言われる。寛政三年（一七九一）一一月二七日「例年通り名主供振舞に召呼ぶ」〔一五六〕、と蔵納めの際に岩松氏が名主・組頭に料理を振舞い挨拶をしている。

このように、秋の年貢のサイクルは、畑方年貢の収納、九月の検見、一〇月の年貢勘定、一一月の蔵納めというようになっていた。田方検見の時に殿様から家臣や村役人へ野先弁当が配され、田方勘定の時にも酒肴一種が配された。年貢皆済後には「地方御役人・御米見名主組頭」に対して料理をもてなし、殿様が挨拶をしている。このような領主と百姓との互酬的な関係をどのように考えればよいのであろうか。

従来の研究は、領主の農民掌握に力点がおかれていたが、近年の研究は、年貢を負担する被治者の意識や心性に深く入り込み、かれらの納得や合意に基づいた領主の支配を問題とするようになったといえる（深谷克己「取立てとお救い――年貢・諸役と夫食・種貸」〈『日本の社会史』第四巻〉）。春の勧農として指摘した用水普請の検分、苗代の斡旋、雨乞祈禱の寺社への斡旋、災害の被害を蒙った知行所の百姓に対する救済措置、秋の勧農として指摘した検見、田方勘定、年貢皆済の時の領主の振舞いや代替り巡見を見ると、領主と百姓との互酬的な関係が見えてくる。百姓は年貢をおさめ、領主は百姓の土地所持と生活を保障するという関係である。

年貢徴収の実態

次に年貢徴収の実態を見てみよう。天和三年（一六八三）の下田嶋村小検見野帳には、次のように記されている。

(3)　天和三年の小検見野帳奥書

（前略）

田惣合拾八町壱反拾歩

内三町六反七畝拾五歩　当根引

右は御水帳の通り少も相違ござなく候、当亥の御検見帳認め差上げ申し候、もし不念成る義仕り候はば、もちろんおちど仰せ付けらるべく候、以上

天和三年
亥九月一日

下田嶋村
名主　七兵衛
組頭　甚五右衛門

右の通り当亥田方小検見名主百姓案内の上、見分せしめ根引かくのごとく候、村中大小百姓立合い勘定いたすべきものなり

同　兵左衛門

天和三年
亥ノ九月

水野与一右衛門
佐藤六郎右衛門
高橋郷右衛門

下田嶋村
名主
百姓中

〔一三〕

史料(3)に示したように、村役人が内検見をして小検見野帳を作成し、岩松氏から依頼された幕府の代官岡上次郎兵衛の手代が名主・組頭の案内の下に検見を実施している。一六八〇年代には、家来の人数も少なく家臣団としての機能を充分に果していないのがわかる。「下田嶋領内十四年已前より岡上次郎兵衛方へ頼」〔貞享四年九月二日、一八〕と記されているように、延宝元年（一六七三）頃より貞享三年（一六八六）までは検見を幕府の代官岡上次郎兵衛の手代に頼んでいた。

元禄五年（一六九二）の検見の際には、「名主宇右衛門・組頭郷左衛門・文左衛門召、下田嶋小検

見の事申しつける、例年はこなたより検見の人出すといえども、当年は田方に毛配甲乙これある間、当年は人出す事たださえ控うべきのところ、ことに人少にこれある間、所検見に致し見分出し申すべく候旨を申しつける」〔二七〕、と今年は稲の出来不出来があるので、たださえ家来を派遣することを控えているのに、家来の人数が少ないので、名主・組頭の「所検見」に任すことを命じている。領主支配の上で一番重要な検見を知行所の村役人に委ねざるをえない状況にあったのである。それ以前に、富純は村役人に対して、次のように述べている。

名主宇右衛門・組頭郷左衛門・文左衛門呼ぶ、先日訴訟申し述る、百姓田方の事相尋る、百姓方申し候は当秋毛配ことにわせ不熟にこれあり、先立て検使を請けたきよし願を申し候よしなり……愚申はとかく右の通り、地頭百姓上下ともに欲これあるにつき、検見など何かと出入これあり候、ただ正路にさえこれあり候はば、子細に及ばず候と申し返す、三人ともに感心して帰る〔二七〕

地頭と百姓の「上下ともに欲」があるので、検見をめぐる出入りが起こる。富純は検見を「正路」（公正）にすればよいことを強調し、村役人はこれを聞いて「感心」して帰っている。慶安二年（一六四九）の幕府の「検地仕様の覚」には、「検地は正路なるところ第一なり」と記され、幕府の検地は、旗本などの「手本」となるように、公正に行わなければならないとしている。検見を「正路」にすることは、領主の「恣意」を拘束するが、知行所の村役人・百姓たちに領主支配の正統性を納得させる論拠となっているのである。

享保二〇年（一七三五）の場合、家臣団を兼ねていた下田嶋村の村役人が検見から年貢勘定まですべてを賄っており、一八世紀初め頃までの年貢徴収は事実上は村方が掌握していた。一八世紀中頃以降も、検見には家臣団が派遣されているが、年貢率は村役人の内検見によって事実上決められている。

享保五年の下田嶋村の書上帳によると、下田嶋村の田方面積は三二町二一歩、畑方は五七町八反六畝一三歩、そのうち岩松氏の知行地は田方一八町五畝一六歩、畑方九町六畝八歩、と優遇されていた。

表5に示したように、田方年貢の収納高は享保二〇年の一一二石余をピークに天明五年（一七八五）に五二石余に減少するが、幕末期においても最低八六石余、平年では一〇〇石前後の収納米を確保している。知行高が一二〇石で、田方年貢の収納高が一〇〇石前後となり、取箇率が相方を含めると一〇〇%近くなる。岩松氏の知行高は一二〇石であるが、知行地の田畑屋敷の石盛を試算すると、実際の石高は約二〇〇石程度あったことになる。

「谷《や》中《なか》定免《じょうめん》場」と呼ばれる谷中田・深田の定免取（毎年の収穫量にかかわらず、あらかじめ決めた一定の額の年貢を収納すること）の田方面積は九町五反二畝二九歩で、定免取は延享元年（一七四四）以降に始まった。

その経緯は以下のようなものであった。

延享元年、岩松氏はこの年、幕府の代官辻六郎左衛門の手代喜田川要田兵衛に検見を依頼していたが、桑山知行所からの出作百姓一一人が、年貢の取箇率が高いのと諸役の過重負担を理由に、「岩松満次郎様御役人衆中様」に対して田地の返上を要求する事件がおきた。そして百姓らは、九月一四日に「今日も検見有り、出作百姓坪苅帳へ印判せず」〔八七〕、と坪苅帳に捺印せず、九月一七日には岩松の知行所村役人に対して「深田谷中の出作、名主組頭へ田地相渡しよしを云捨て帰る」と田地の返上を要求、一〇月七日に出願して訴訟となった。下田嶋村における年貢の問題では、この村方騒動の

表5　田方年貢収納高

年　代	収　納　高	典拠
貞享4（1687）	＊210俵2斗8升7合	18
元禄2（1689）	＊245俵	21
元禄4（1691）	＊211俵　5升6合	24
元禄5（1692）	＊195俵2斗4升5合	27
享保20（1735）	112石6斗2升8合	72
宝暦13（1763）	100石4斗5升	108
明和4（1767）	91石8斗4升	115
天明5（1785）	52石4斗8升	144
天明6（1786）	79石9斗5升	146
嘉永3（1850）	105石7斗7升　6夕	
嘉永4（1851）	106石1斗2升7合3夕	
嘉永5（1852）	99石7斗　6合9夕	
安政4（1857）	103石　9升9合2夕	498
慶応元（1865）	92石5斗9升9合2夕5才	663
慶応2（1866）	87石6斗　2合2夕5才	663
慶応3（1867）	86石1斗3升7合	663
明治2（1869）	89石4斗　9合	670

注　①＊は籾半分（7斗6升入）・米半分（4斗1升入）．
②享保20年（1735）以降は俵数を石斗升合に直した．
③典拠の数字は『新田文庫目録Ｉ』の目録番号．嘉永3年は「戊ノ年御年貢米幷御飯米永方共ニ覚帳」，嘉永4年は『亥ノ御年貢米永方幷借用方覚帳』，嘉永5年は「当子ノ御年貢米幷ニ立替物覚帳」より作成．

「御定免御取箇斗代」	安政2年（1855）「御検見御取箇斗代」	安政2年（1855）「御定免御取箇斗代」
5斗9升6合2夕2才	6斗　5合3夕9才	6斗　8夕2才
5斗3升4合4夕4才	5斗4升3合6夕1才	5斗3升9合　4才
4斗9升4合8夕2才	5斗　3合9夕9才	4斗9升9合4夕2才
4斗5升6合1夕2才	4斗5升6合1夕2才	4斗5升6合1夕2才

御知行所御巡検田方小前連印帳」〔317〕,「安政二年乙卯二月　俊純様御代御領分
より作成.

持った意味は大きく、翌年より字谷中田と深田の田方年貢に定免制が取り入れられたのである。

その後、延享二年から宝暦四年（一七五四）までの一〇年間と宝暦五年から九年までの五年間が定免取で、宝暦一〇年（一七六〇）から天明八年（一七八八）までが検見取、寛政元年（一七八九）から六年までの六年間、寛政八年（一七九六）から文化三年（一八〇六）までの一〇年間、文化三年から九年（一八一二）までの七年間、文化一〇年（一八一三）から文政五年（一八二二）までの一〇年間が定免取である。そして、文政七年（一八二四）には米六斗一合七夕増米の一〇年季の定免願いを提出している。

慶応二年の年貢割付状を見ると、取箇率は上々田五八%、上田六二%、中田六八%、下田七五%と高い。諸引きを控除した取米の合計は四二石一斗八升二合二夕五才（一二〇俵一斗八升二合二夕五才）で、取箇率は四九%である。この他に「谷中定免場」の収納米が四二石七斗（一二二俵）あるので、慶応二年の年貢収納高は八四石八斗八升二合となる。田地の石高を約一六〇石と試算すると、取箇率は約五三%と

なる。幕末期まで岩松知行所の年貢率は五〇％前後であり、比較的年貢率が高かった。

次に表6を見ていただきたい。これは、道純・俊純の代替り巡見の際に作成された帳面に記載された田方年貢の検見取と定免取との比較である。知行地の田方一八町五畝一六歩には、検見取の田方八町九反余歩と「谷中定免場」の九町一反余歩とがあった。天保二年（一八三一）では、検見取の取箇が定免のそれよりも上々田一反で一斗四合、上田で八升六合、中田で五升高い。安政二年（一八五五）では、上々田・上田・中田とも五合高い。

表6　検見と定免の取箇の比較

天保2年（1831）「御検見御取箇斗代」	
上々田	1反につき分米7斗
上田	6斗2升
中田	5斗4升
下田	4斗5升

注　「天保二年辛卯四月　道純公御代御巡見ニ付田方反別改帳」〔445〕

このように、検見取の年貢は定免よりも取箇率は高いものの、村役人が内検見をして小検見野帳を作成し、それに基づいて家臣が検見を実施して取箇率を決定している点では領主と農民との「合意」の上で成立しているものといえる。もっとも、領主と農民との双方に「上下共に欲」があり、とりわけ領主の側の恣意が強く働いたが、両者の合意の基礎には検見を「正路」にするということがあった。このように、検見年貢も定免年貢も、領主と百姓との「合意」の上で成立している。だから、定免制を領主と村との「契約」として考えるならば、検見制も同様なものとして考えることができるのである。検見年貢も、村役人が内検見をして野帳を作成し、それに基づいて家臣が検見を実施して取箇率を決定している点では、領主の「恣意」だけでなく、村方の意向も反映している。検見が「正路」でなければならないのも、このような理由からである。

また、年貢について、次の事例も紹介しよう。安政五年（一八五八）年一〇月二九日に、知行所の百姓が定免取の田方年貢の減免を領主に願い出ている。これに対し、俊純の日記には「名主庄蔵来、谷中田定免場作り候百姓ども、引の義達て願い呉れ候様申出候よしにて、この義申出候につき、五俵貸遣すべく旨申し付ける、いったいこの段は先頃より申出候えども、外と違い谷中田は引候ては、余り百姓に我まま致させ候につき、引き遣さず否に候所、相給にても引候よしゆえ、当年は貸し遣し候事」〔五一二〕と記され、俊純は定免田方の年貢減免を認めると、百姓の「我まま」となるので拒否しようとしたが、下田嶋村の他の知行所で年貢減免となったので、貸すという形で事実上認めた。これに対し、一一月七日「谷中田作候百姓より先頃引願候につき、五俵貸遣すべき旨申し聞かせ候所、貸に候はば先へ、当年はこれまで返上納致すべき旨申出候よしにつき、その意に任せ候よし」〔五一三〕とあり、領主の側は引き分の五俵を翌年以降の返済でもよいと命じているにもかかわらず、知行所百姓はその年に五俵を「返上納」することを申し出ている。ここでは、定免年貢の引き分について、領主が貸し、百姓が返すというような貸借の観念で捉えていることが興味深い。翌六年（一八五九）には、年貢皆済の後、二人の家臣を村役人宅へ派遣するが、「これは新例なり」〔五三二〕と記している。

表7　安政6年（1859）の岩松氏の財政収支表

収入			支出		
内訳	金額	%	内訳	金額	%
年貢金	33両2分ト1522文	23	生活費用	38両1分ト1413文	30
借用金	86両	57	借金の支払い	62両3分ト1125文	49
その他	30両ト111文	20	役儀費用	15両2分ト384文	12
			儀礼費用	5両1分3朱ト72文	4
			奉公人への給金	5両2分ト6文	4
			その他	3分ト342文	1
合計	149両2分ト1633文		合計	128両2分ト1248文	

注　「安政六年未四月吉日　金銀出入萬控帳」〔520〕より作成.

安政六年の岩松氏の財政収支を見ると、表7に示したように収入のなかでの年貢金の割合は二三%を占めているにすぎない。収入の五七%は借用金によって賄われている。下田嶋村市兵衛（二二両一分）、大館丞賢（一三両）、長楽寺（三両）などの周辺の人々から借金するだけでなく、武蔵・下野・相模・上総などの関八州や信州・越後の出入りの者たちへ家臣を派遣して借金をしているのである。そして、幕末の俊純の時代になると、家臣が絵画を土産として各地の出入りの者へ借金を申し込むために派遣されている。

一方、支出では、生活費用に三〇%、借金の支払いに四九%、江戸参府入用や家来の勤め入用や飛脚賃などの役儀費用に一二%、儀礼費用に四%、奉公人への給金や日雇い代に四%となっている。つまり、支出の半分近くは借金の支払いに充てられていたのであった。

このようななかで、安政六年の一〇月八日、名主より倹約が申し入れられ、家臣の高之助・内輔・久蔵の三人が三日交替で出勤するようになった。つまり、領主財政が村方より制約を受けているのである。ちなみに、文久元年（一八六一）に知行所からの借財は数十両に及んでいる。

右に述べたように、幕末期になると、岩松氏の財政は、知行所から徴収される年貢金だけでなく、由緒・出入りの者からの借金によって賄われるようになる。安政六年の収入約一五〇両に対して、年貢金の収入は三三両二分程度にすぎない。岩松氏は、幕末期に急増する由緒・出入りの者からの献金・借金によって、その財政活動の規模を大きくしていったのである。

このように、岩松氏の年中行事の諸儀礼は、岩松氏と「御家来衆」「御知行所御侍格」「御足軽」「御知行所村役人」「惣百姓」との贈答慣行と拝礼を通しての主従制的な関係あるいは領主と百姓との支配・被支配の関係を更新する場であった。だから、岩松氏は自らの年中行事のなかに知行所の百姓や相給の百姓を積極的に位置づけ編成したのである。そして、五穀豊饒を実現するために、百姓の信仰する神仏を祭祀することは、領主の勧農、年貢収納と不可分な領主の統治者としての責務であった。代替り巡見の儀礼に見るように、領主は百姓の土地を一筆ごとに確認し、かれらの土地所持を保護し、百姓経営を維持する責務があったのである。

また、下田嶋村では村役人が内検見をして小検見野帳を作成し、それに基づいて家臣が検見を実施して取箇率を決定していた。領主と農民との間では取箇率をめぐって対立があったが、基本的には両者の「合意」の上で取箇率が決定されている。その結果、岩松氏の取箇率は、幕末期まで五〇%前後と高かった。年中行事の諸儀礼を通した「心意」による統治は、百姓の年貢収納にこのような形で帰結していく。

二　村の事件簿

1　領主・家臣・百姓

追放された家臣

岩松の殿様の日記を読むと、江戸時代の下田嶋村では実に様々な事件が起きていたことがわかる。ここでは、在地に居住している領主が事件に対してどのようにかかわっていったかを考えてみたい。家臣・知行所百姓への処分、村方騒動、窃盗・殺人・博奕《ばくち》などの村の事件簿を中心に、領主の関与と村共同体との関係を検討していこう。

まずは大沢六右衛門という人物についての一件（事件）である。大沢六右衛門は岩松の家臣で、寛文六年（一六六六）より字《あざ》長福寺に二反一六歩の屋敷地を貰い受けていたが、延宝八年（一六八〇）に没収されている。そして、この年六右衛門は村追放の処分を受けているが、同八年の日記には次のように記載されている。

（1）　六右衛門一件の経過

三月一六日「知行所大沢六右衛門、長谷川半左衛門、今井主馬之助両人をもって我儘《わがまま》を訴訟、それについて屋敷の内を出し、本屋敷へ帰す」

四月二九日「知行所六右衛門我儘云《い》うにつき、金谷愚入、大沢七兵衛、高山甚五右衛門次男、大沢兵左衛門呼び相談、咎重故《とがおもきゆえ》追放、家屋敷は五人組に預け置き、近辺の寺へ頼りたるといえども堅く訴訟これなき旨」

五月一日「知行所出入につき、三人の者より手形取」

五月三日「六右衛門追放につき、半左衛門、主馬之助迷惑のよし蓮台寺来る」

八月一六日「領内追放上り田畑書付をもって

窪田　弐反五畝廿八歩ノ内畑壱反壱畝廿六歩　名主　大沢七兵衛

築地ノ内畑　弐反五畝　年寄　高山甚五右衛門

築地内畑　弐反五畝　年寄　大沢兵左衛門

かくのごとく三人の者に預」（一六八二）

大沢六右衛門の「我儘」の内容が明らかでないが、岩松富純は六右衛門を村追放とし、彼の家屋敷と田畑は没収され五人組に預けられたことがわかる。六右衛門の田畑七反五畝二八歩のうち、六反一畝二六歩が名主・年寄に預けられ、一反一畝が大沢八左衛門に預けられた。そして、九月二七日には、六右衛門の屋敷の木が切られている。また、長谷川半左衛門と今井主馬之助の両人が最初蓮台寺に仲裁を依頼しているが、富純は六右衛門の近辺の寺への入寺を禁止し、たとえ入寺したとしても一切取り上げようとしない強硬な姿勢であった。

そして、二年後の天和二年（一六八二）一〇月八日に徳川村満徳寺の俊栄上人が、知行所から追放された大沢六右衛門の「訴訟」のために富純を尋ねている。この場合の「訴訟」は、六右衛門が満徳寺へ入寺した事実を報告し、富純に許可を求めに来たものと考える（阿部善雄「民衆の駆入りの法的整合作」〈『宗教社会史研究Ⅱ』〉）。また、加えて今井主馬助と半左衛門も威徳寺（惣持寺）へ仲裁を掛け合った。

これに対し、富純は満徳寺が六右衛門の入寺を認めたことに腹を立て、満徳寺へ金谷愚入を通じて「不通」（出入りを禁止すること）を申し入れ、正田勘兵衛・新井将監《しようげん》へも「不通」を申し入れている。ただし、正田隼人に対しては、金谷愚入・高山甚五右衛門の心入れによって「不通」を申し入れていない。そして今井主馬之助を呼び、世良田の半左衛門と一緒に威徳寺（惣持寺）へ掛け合ったことは言語に絶する「不届千万」であると非難し、本来ならば「不通」の処分であったが、以前「惣百姓一同」の訴訟に一人参加しなかったことがあるとの理由で「不通」の処分を免除した。また、世良田の金弥を呼び、主馬之助と一緒になって満徳寺へ掛け合ったことを理由に出入りの禁止を言い渡した。

富純は右のように、六右衛門の満徳寺への入寺を認めず、さらに同寺との出入関係を禁止していたが、結局一二月一二日に安居院（富純の叔父）が仲裁に入り金谷愚入・梅沢丹斉を通じて内済が成立した。

この一件の経過を見ると、富純は大沢六右衛門の入寺に対して強い姿勢でのぞみ、満徳寺に対して「不通」の態度を表明していたが、最終的には態度を軟化させ満徳寺と和解したのである。しかし、この時点では、満徳寺への入寺は必ずしも無条件に許容されていたのではなく、領主と寺院との駆引きによって決められていることがわかる。

この年の一一月一日には、「村中に助にこれなる、去々年の追放者の余米拾六俵、所民三十二人に哀分して配す」（一二）と、村役人に預けられた六反一畝二六歩の田地の余米一六俵を知行所の百姓三二人に配分している。内訳は名主大沢七兵衛へ籾二俵、組頭高山甚五右衛門・大沢兵左衛門へ二俵、大沢八左衛門へ一俵、残九俵を「細民」二八名へ二斗五升ずつである。没収された六右衛門の田地は、村の惣作地となっていたようで、富純が米を百姓に再配分したことになる。

さらに一〇年後の元禄五年（一六九二）一二月一八日には史料(2)のような記述がある。

(2)　没収された田地の請返し

下田嶋村名主組頭ども来る、百姓五郎八事先年追放の節、親六右衛門田畑の内半分返す、残ては帰ざる分金子指し上げ申すべく候間、右の田畑返し下され候様にと訴訟を申来る、愚申は親六右衛門名田《みようでん》の分は、金子出し候はば請返させ申すべく候、買地分は大本の名田の名これあり候間、

難申しつける、もし惣百姓へ割とらせ候代金望に候はば、名田たりというとも請返させ申すまじく候旨申し付ける〔二七〕

大沢六右衛門の子の五郎八が、没収された田畑のうち、返却されていなかった半分の返却を求めたのである。一反一畝はすでに大沢八左衛門に預けられていたが、富純は「親六右衛門名田」の田畑については金子を支払えば返すが、六右衛門が買い取った土地ついては元の名田の持ち主の名義であるので返却は難しいと申しつけている。このように、検地帳に登録されていた親六右衛門の名請地の請戻しは認めているが、買い取った土地については元の名請人の所持権を優先させている。一七世紀末の時点で、領主である富純は、売買で取得した者の所持権よりも検地帳の名請人の所持権を優先させていたのである。

なお、六右衛門は元禄三年（一六九〇）二月の「宗旨人別改帳」〔二三〕には、「六右衛門　年五拾五」と記載されており、一度は村追放となったが、周辺の村役人や満徳寺・惣持寺の仲裁によって、再び村へ戻っていた。

次の例に移ろう。高山良八は下田嶋村岩松満次郎知行所の組頭であり家来でもある甚五右衛門の伜である。その良八が、元文三年（一七三八）一二月二五日に東田嶋山王前にて「又家来」の五兵衛を斬りつけ、さらに翌四年三月にも、また五兵衛を斬りつけている。そのため、四月八日に座敷牢に入れられ「御家来役義ともに召上げ、なみ百姓になさる」〔八二〕と、親の甚五右衛門とともに家来役を取り上げられ、平百姓を言い渡された。そして、四月二七日に良八は「をり」に押し込められるが、蓮台寺・慈眼寺の歎願によって、九月六日に檻の免除が言い渡され、翌七日許される。だが、九月二三日には「甚五右衛門倅良八、今日所追放《ところついほう》に申しつけ、並びに武家に奉公三里四方止宿徘徊《はいかい》等を構え、前阿久の原迄人付け出し追放」〔八二〕と、所追放、武家奉公の禁止、三里四方での止宿徘徊の禁止の処分が下される。

だが、四年後の寛保三年（一七四三）二月六日に、良八と姻戚関係にある徳川村の役人正田隼人が良八の所追放免除を願い出て、五月二〇日に三里四方の追放が赦され帰村が許可された。その後、岩松孝純は六月二一日には良八の帰村を惣百姓に申し聞かせるように名主へ指示している。

ところが、さらに四年後の延享四年（一七四七）八月一五日に良八の妻が駆落ちをし、一一月一四日の日記には「知行所甚五右衛門世倅郡次良八事、先達て親類ども同様にて勘当願出す、今日願の通り申渡す、誠に数年の悪者押払い、大き大慶す」〔九一〕と、良八の親類たちより提出された勘当願いを許可し、「悪者」を追い払った安堵感を孝純は吐露している。

なお、良八の父親で家来役を取り上げられた甚五右衛門については、延享元年（一七四四）に二つの記述がある。一つは、「知行所甚五右衛門が下男、裸にて笠冠り立見物す」〔八七〕という記事である。甚五右衛門の下男の奇行が孝純の怒りにふれ、名主を呼んで「不届」の旨を申し渡し、主人の甚五右衛門へ「越度《おちど》」（あやまち）を申しつけたというのである。もう一つは、「甚五右衛門屋敷前穢多、田を植て見えたり、前々穢多には領分の田場作らせざる定めのところ、いかが名主知ても知ざる分か、又前々の定め覚ざるかの趣尋るところ、曾《かつ》て存ぜず旨を答う」〔八七〕という記事である。甚五右衛門の屋敷前の田を「えた」が田植をしているのを見て、孝純は知行所内で「えた」が田を耕作しては ならない定めとなっていると、名主へ申し渡している。ところが、名主はそのような定めの存在を知らないでいた。この事から、甚五右衛門も定めの存在を知らないで自分の田を被差別民に耕作させていたことがわかる。

領主による名主不正の摘発

元禄五年（一六九二）の名主大沢七兵衛の不正一件は、領主と村との関係を知る上で興味深い。史料に沿って、事のてんまつを追ってみよう。事の発端は、岩松富純が名主大沢七兵衛の不正を見つけたことから始まった。七月九日に富純は、名主七兵衛に対して郷帳の写しについて、相違ないことの証文を出すことを申しつけ、同二六日には、七兵衛の名主役の「年来不届」を理由に切米一〇俵の役儀を取上げ、後任については「村中相談」の上にて申し立てるよう申しつけている。そして八月二三日に富純は七兵衛に対して、家督を継いだ延宝四年（一六七六）より元禄四年（一六九一）までの一六年分の「籾米割付帳」「畑方年貢割付帳」「役割帳」の提出を命じた。

その後、八月二四日の日記には七兵衛の「年来不届《ふとどき》」を村中が憎み、特に証文などの判形が替わったことを問題にしたとあり、二八日には七兵衛の日頃の不行跡を叱責した。そして、二九日には蓮台寺が七兵衛の入寺を受け付けた旨を報告しに来たが、富純は自分が詮議する前に赦免を願い出た同寺を叱責している。

また、九月二日に組頭郷左衛門と文左衛門を呼んで、七兵衛より取り上げた「田畠年貢帳」「役銭帳」を渡し、富純の家督相続以来の一七年間の年貢諸役の勘定を申しつけている。その際、もし名主七兵衛に不正があった場合には、その分を惣百姓に返すとしている。そして、七兵衛の倅の名主宇右衛門を呼び、七兵衛の「行跡不届色々これあり」を理由に組頭への格下げを申しつけ、七兵衛を今後親と思わないようにと申し渡している。

その後、四日に再び蓮台寺が来るが、「愚申すは愚方への不届は赦免申しつけ候とも、村中の不届は惣百姓堪忍申すまじく候」〔二七〕、と自分への不届を赦免しても、村中への不届を惣百姓が許すことはないとして、富純は「依怙贔屓《えこひいき》」のない仕置をするとしている。五日と六日にも蓮台寺が組頭と一緒に来て七兵衛の赦免を願い出るが、富純は自分の一存で赦免にするのは「贔屓の掟」になるとし、今回の一件は「郷中百姓仲間へ非議の事」と考えるので、「村中相談」の上で事の是非を決めるようにと言い渡している。あくまでも、知行所の百姓の意向を重視しているのである。

八日に細谷教王寺より家来方に使僧が来て、昨晩より七兵衛を蓮台寺より教王寺へ「入寺抱置《にゆうじ》」させたことを伝え、一四日に細谷村教王寺と蓮台寺が組頭文左衛門の案内で来る。最初、富純は両寺の願いに取り合わなかったが、結局両寺の願いを聞き届けて、一七日に組頭郷左衛門・文左衛門を呼び、七兵衛の赦免を申しつけている。一八日に富純は教王寺。蓮台寺に七兵衛赦免を申しつけ、組頭郷左衛門・文左衛門に対して両人の考えを聞く。両人は七兵衛の赦免と伜宇右衛門の名主役就任を述べたが、富純は勤めが良くなかったことを理由に、七兵衛・宇右衛門親子の名主役を取り上げ、名主役については「村中望」を第一義的に考えているといった。しかし、二〇日に組頭郷左衛門・文左衛門の案内で、またまた教王寺と蓮台寺が来たので、富純は役儀の取上げを赦免し、両寺は喜んで帰っている。

(3) 七兵衛一件への領主の処分

一名主役義引渡し相済み候間は、世伜宇右衛門仮役仕るべく候事
一印判とも残らずたてまつり候とも、くたきしとも仕るべく候事
一てつひら野銭林取上げ候事
一扶持方十俵の分取上げ候事
右の通り七兵衛・宇右衛門親子に申し付け候
組頭郷左衛門・文左衛門に申し付け候口上の覚
一領分大小百姓相談いたし跡役名主の義は、知行所中相談いたし申し立つべく候、その上にて出作ともに寄せ、名主役の事入札に仕り贔屓なく申し立つべく候、その上にて了簡いたし申し付くべく候、もっとも入札の事は郷左衛門・文左衛門・宇右衛門も入札仕るべく候と申し付ける

史料(3)に示したように、九月二一日に富純は七兵衛の名主役を取り上げ、新しい名主が選出されるまで倅宇右衛門が仮名主を勤めること、印判を残らず返上するか砕くこと、「てつひら」野銭林を取り上げること、扶持米一〇俵を取り上げることを申しつけた。なお、この野銭林については、のちの寛延四年（一七五一）の日記には、野銭場立木代金の半分を地頭へ支払うべきところ、「幸助祖父七兵衛不勝手の節一度これあり」〔九四〕と記されている。七兵衛は、野銭場立木代金の支払いに不正をはたらいたので、野銭場への立入を禁止されたのである。

さて、つづいて、組頭郷左衛門・文左衛門に対して、名主の後任については、知行所の大小の百姓が相談した上で出作《でさく》百姓も集めて、入札《いれふだ》で贔屓のないように決定することを申しつけた。なお、郷左衛門・文左衛門・宇右衛門も入札をするように申しつけている。それをうけて、二二日の夕方、蓮台寺において「村中百姓集め」寄合が行われた。その際、富純は出作百姓も入札に入れるように知行所の組頭に申しつけているが、遠慮した場合には、知行所の百姓のみで入札をするように命じている。これに対し、惣百姓は、富純のおめがねに叶う人、具体的には組頭の両人を名主役にするよう申し立てたが、両人は固辞した。そこで、富純は入札を実施するよう組頭に申しつけ、二三日に再び蓮台寺で「会合」がもたれ、三一人の百姓が参加して入札が行われた。そして、二四日に「百姓数三拾壱人入札の事、蓮台寺において会合箱に入れ、印符除き持参す、暮に及ぶゆえまず請取なり」〔一七〕と、仮名主宇右衛門、組頭郷左衛門・文左衛門が入札の箱を持参し、富純が受け取っている。

(4) 名主入札の結果

九月二五日

昨夕村中より出す、入札箱今日開き見る、百姓数三拾壱人也

入札の覚

一札拾六枚　郷左衛門
一同拾枚　文左衛門
一同壱枚　宇右衛門
一同壱枚　甚左衛門
一同壱枚　重右衛門
一白紙七枚

以上

右の外に七兵衛名判の札三枚、宇右衛門名判の札弐枚有、これ不審なり、合て札数三拾八枚なり

二七日

今吉日につき下田嶋村愚知行所名主役跡

一下田嶋村名主役　郷左衛門

一　組頭役　文左衛門
一　同　甚左衛門

右の通り相勤むべき旨申しつける、郷左衛門・甚左衛門両人辞退を申す、しかしながら当分成次第に相勤候様にと申しつける、並びに近々三人ともに宇右衛門と立合役義につき、諸事相違なき様に引渡し候様にと申しつける、入札につき余り札の事、名主組頭ともに相尋る所に、何も驚き毛頭《もうとう》存ぜず候と一同に申す、これ七兵衛・宇右衛門親子に悪みこれあるとゆえ、同百姓の内かくのごとく入ると見えたり、則焼亡して捨てる　〔二七〕

二五日に入札箱を富純が開けだが、投票者は三一人のはずなのに札数が三八枚（計算上は三六枚）あり、五枚の余り札があった。いずれも七兵衛三枚、宇右衛門二枚であることから、富純は七兵衛・宇右衛門親子の意趣《いしゅ》があったと判断している。だが、富純は入札の結果を村役人に報告して、名主役に郷左衛門、組頭役に文左衛門・甚左衛門を任命する。富純はそれ以上七兵衛・宇右衛門親子の不正を追及せず、入札を焼却している。一〇月三日郷左衛門は、「その身勘定せず、諸事不調法」を理由に、名主を他人に任命するよう飯田玄沢と尾嶋町の弥右衛門を介して申し立るが、富純は「村中より入札も兄弟郷左衛門、文左衛門両人に落候上は外に申しつけがたく候」〔二七〕、と入札で決定されたという理由で郷左衛門の申し立てを拒否し、数年名主役を勤めるようにと申しつけた。

この年の年貢収納については、富純は一一月二二日に名主郷左衛門を呼んで、納所の吟味を申しつけ、二四日には田方年貢が皆済となり、二五日に名主・組頭と宇右衛門が酒宴に呼ばれている。

なお、知行所の村役人の経営規模を見ると、名主七兵衛・宇右衛門は下男・下女を一四人、組頭郷左衛門は一〇人、文左衛門は四人を抱えている。一町歩を所持する農民が下人を二人程度抱えていたことから推測すると、七兵衛は五〜一〇町歩の土地を所持していたと考えられる。下田嶋村には「寛文七年未ノ年五人組帳」「寛文九年酉五人組帳」が残っているが、この二冊の五人組帳の差出人は大沢七兵衛で久野五左衛門宛てに提出している。ところが元禄一六年（一七〇三）の五人組帳は「御領分新田領下田嶋村」の「名主宇右衛門」「組頭甚五右衛門」「同断文左衛門」が差出人となっている。この事から、寛文七年（一六六七）の頃には、知行所の支配は飛び抜けて経営規模の大きい七兵衛が事実上一人で運営していたと言えるが、一八世紀初め頃には、知行所が名主・組頭によって運営されるようになっていることがわかる。

さて、この一件の特異な点は、名主の不正を領主である富純が摘発しているという事である。七兵衛は細谷村教王寺へ入寺し、教王寺と蓮台寺の仲裁によって赦免されたが、役儀は取り上げられた。そして、組頭や蓮台寺の赦免願いに対して、富純は自分の一存で赦免にするのは「贔屓の掟」になるとして、「村中相談の上」で是非を申しつけるとした。あくまでも、村の「惣百姓」の意向を重視しているのである。七兵衛の跡役についても、入札の実施を命令し、「村中」が蓮台寺で会合を開き、入札が実施された。「村中」の多数の意思を決める入札の結果を尊重しているのである。開票は領主の富純が行っているが、そこでは「余り札」などの水増しの不正が行われたが、札を焼却してそれ以上の追及はしていない。

なお、この一件が起きた元禄五年（一六九二）の検見の際に、富純は知行所の村役人に対して領主も百姓も「上下ともに欲」があるので、検見をめぐるトラブルが起こるのであり、検見を「正路」にすればよいと諭し、村役人はこれを聞いて「感心」して帰っている。延宝四年（一六七六）から享保一九年（一七三四）の五八年間が富純の時代であるが、家臣団が十分に機能していなかったものの、この時期は、富純の村の「惣百姓」に依拠した知行所支配のなかで、下田嶋村での岩松氏の領主支配が確立していった時期ということができよう。

天明七年の村方騒動

天明七年（一七八七）三月に下田嶋村の知行所惣百姓が、名主の「私曲」を訴える事件がおこった。以下、この事件の概略を述べよう。

三月二六日の日記には、「知行所惣百姓どもこのたび公儀御救《おすくい》普請人足料下され候ところ、三給名主ども懸り入用引け高金に応しては多く候は、名主が私曲《しきょく》と相見候よし騒動す、これにより今日惣百姓一人づつ召出し吟味す」（一四八）と、記されている。この事件は、「御救御普請御賃永出入」とも呼ばれるように、「公儀御救普請人足料」をめぐる三給名主の「私曲」が発端となった。そして、二六日に岩松義寄による吟味が始まり、二七日には小前百姓二四名の吟味を終えている。しかし、吟味を終えて、「はなはだ筋違いなる事ゆえ、内済致すべき段組頭どもへ申し付ける」〔一四九〕、と義寄は、筋違いの願いなので組頭に対して内済を申しつけたところ、二八日に小前百姓一統と組頭がともに内済に「不承知」を言明した。

そこで、四月二日に再び百姓代弥助と小前百姓を残らず呼び寄せ、吟味している。ところが、二一日に組頭源助が江戸の勘定奉行所に訴え出たのである。しかし、領主の添簡がないため受理されなかったとの通知が勘定奉行柘植《つげ》長門守より江戸旅宿の岩松氏の家臣へきたため、二三日に家臣の猪軍太を出府させている。そして、五月三日には、麴町平川屋清兵衛方に宿をとっていた源助に帰村を申しつけたが、源助が強く拒否したため、忍藩の捕手の足軽二名を動員して源助を逮捕し、手錠をかけている。その後、六日と九日に源助と弥助を、七日に名主忠左衛門を吟味している。

さらに、五月一四日には百姓幸蔵が勘定奉行所へ訴訟を行い、三給名主の不正が訴訟の対象であったこともあって、吟味がそこに委ねられた。だが、結局この年の一二月五日の日記には、「春中より出入も内済に相成り、右済口証文名主忠左衛門方より差出す、小前方よりの済口証文はいまだ出ず」〔一四九〕と、この問題が内済となり、済口証文が名主忠左衛門から提出されるが、小前百姓からはまだ提出されていないことが記されている。結局、完全な内済が成立せず、勘定奉行所に再び預けられたようである。そして、翌天明八年（一七八八）三月一六日の日記には、「去年中知行所出入につき、百姓ども不届候、これにより咎め申しつけ事を聞合せの処、御勘定奉行桑原伊予守殿より咎につき、下げ札来る」〔一五二〕とあり、勘定奉行より、名主忠右衛門は咎なし、組頭源助（高山弥右衛門の孫）は役儀取上・五〇日手鎖、百姓代弥助は三〇日手鎖、駆込訴訟した百姓幸七は三〇日手鎖、惣百姓は「急度叱り」が相当であるという下げ札があった。これを受けて、義寄は内済成立の後、源助五〇日、弥助三〇日、幸蔵三〇日の手鎖《てじょう》の処分を下した。のち、百姓より五月一二日に円福寺の仲介によって、百姓代弥助、百姓幸蔵の手鎖と源右衛門の咎が免除され、さらに、一九日には組頭源助の五〇日手鎖の処分も蓮台寺の三度にわたる仲介によって赦免された。この時点で、昨年以来の「御普請滞り一件」は終結する。

源助の後任について、五月二五日の日記には、組頭は伊左衛門と宇右衛門の両人で年番に勤めるよう、百姓より名主を通じて義寄へ要求が出されるが、義寄は年番要求を拒否し、一人で勤めるように申し渡したことが記されている。二八日には「組頭は伊左衛門伜平左衛門、百姓代次助これは鬮《くじ》にあたり候よし、組頭は来月朔日より月並の礼罷り出づべき旨申渡し遣す」〔一五二〕と、組頭は伊左衛門の伜の平左衛門、百姓代は鬮に当たった次助となり、義寄は組頭に対して六月一日より「月並の礼」に出るよう申し渡している。このことから、知行所の百姓代は鬮で決めていたことがわかる。

さて、この村方騒動で注目すべき点は、当初領主の内済勧告を小前百姓と組頭が拒否したことである。そして、この一件は勘定奉行のもとへの訴訟となり、領主の手を離れて勘定奉行で事実上吟味が行われたようである。だが、結局、訴訟そのものは名主側に有利な結果となり、村方騒動の指導者であった組頭源助・百姓代弥助・百姓幸蔵に手鎖の処分が下された。さらに、小前百姓から組頭源助の後任について、伊左衛門と宇右衛門との年番を要求するが、義寄は年番要求を拒否している。しかし、後任の組頭は伊左衛門の伜平左衛門となり、百姓代は鬮で次助となり、村方の意向が尊重されている。

百姓代は本百姓中より選ばれ、名主・組頭の村政に関与し年貢・村入用その他の諸割賦に立ち合い、村役人を監視する役目であった。また、村の訴訟・願書・証文などにも加判して村政の一役を担っていた。この百姓代の選出方法は村によって異なり、入札で決めたり、五人組頭が順番で勤める村もあったが、岩松知行所の百姓代は右のように鬮で選出されている。

2　さまざまな事件

若者組と婚姻秩序

宝暦九年（一七五九）七月二八日の日記には、「知行所宗門五人組人別改す、向後《こうご》百姓ども養子跡目等の節、それ以前に名主へ相談し、相応成る者人品とくと承合候様にと申しつける、是は近年若き者の人品あしき風儀に成り候につき、その家後々の相続並びに所の騒等出来《しゅったい》まじきための事なり」〔一〇〇〕と記され、近年の若者の悪しき「風儀」を問題としている。一八世紀後半以降、若者組は地域社会の重要な問題となるが、若者組が地域のなかで関与していたのは、祭礼と婚姻であった。日記には、祭礼と婚姻に関する記述がいくつか出てくる。

祭礼の際に、周辺の村々から岩松の殿様は地芝居の招待をよく受けた。明和四年（一七六七）四月一二日に、上田嶋村杉之内の小野次郎右衛門知行所の名主長右衛門が、「村の若い者ども、このたび操《あやつり》芝居興行仕り候、十四日初日にて始入申し候、右につき御見物願いたてまつり候よし」（一一五）、と杉之内の若者が操り芝居を興行したので、岩松の殿様に見物に来てくれるよう名主を通じて招待している。寛政一二年（一八〇〇）六月二六日の尾嶋町の祭礼では、尾嶋上町の若者惣代の二人が、岩松徳純を招待している。寛政改革による祭礼への統制が強化されるなかで、享和二年（一八〇二）の尾嶋町の祭礼は、代官役所へ先規の通りに願い出て、代官より勘定奉行へ伺いの上、先規の通りにするという条件で許可が下り、華美でない形で祭礼を済ましている。

文政七年（一八二四）閏八月一五日には次のような記述がある。

当年は田畑作物など相応の出来方、ことに隣村嘸《（ママ）》にはあしき病気などもござ候ところ、御知行所において左様の儀などもござなく候につき、風祭り大神楽《だいかぐら》狂かふき芝居興行仕りたき段、村役人どもまで若者どもより願出申し候　（一七六八）

近隣の村では疫病などの悪い病気が流行しているという話であるが、下田嶋村ではそのようなこともなく、田畑の作物の出来もよいので、若者たちより村役人に対して風祭りの大神楽、「狂かふき」芝居を興行する願いが提出され、二三・二四日の両日に狂言忠臣蔵が実演された。風祭りは秋の収穫前に大風が吹くのをおそれ、風を静め、豊作を祈るために二百十日あるいは二百二十日前後に行われる祭りである。なお、この時、家来四人・足軽四人の計八人が警備のために派遣されている。

また、近世の村社会では、若者組は村の婚姻秩序に関与していた。寛政七年（一七九五）一月二六日の日記には、次のような記述がある。

知行所宇右衛門ごけてう娘、さる廿二日晩東田嶋村鍛冶屋喜八倅八十八にうばわれ、手伝候人々は知行所庄助倅義八・源右衛門倅源七右両人目角に取てつれ、今日上へうつたえ出て、右の願人儀兵衛抱てう五人組連印をもって願出、なにとぞ相返したきの願なり　〔一六七〕

宇右衛門の後家てうの娘が、一月二二日の晩に東田嶋の鍛冶屋喜八の倅八十八に奪われた。「嫁盗み」を手伝ったのは、庄助の倅義八と源右衛門の倅源七の二人の若者で、娘を目隠しして連れ去ったのである。若者組は村内の未婚の男女の交際機関として機能したので、親が娘の婚姻に反対した場合、「嫁盗み」のように駆落ちする二人を匿ったり食物を提供しながら、親を説得することもあった。しかし、この場合には、後家てうが五人組を通じて領主へ訴え出ているので、若者組と親との対立が表面化している。婚姻の決定権が若者組から家の戸主へ移行する時期に、「嫁盗み」が若者組によって引き起こされたといえる。

次の文政七年（一八二四）の知行所百姓豊蔵一件では、豊蔵と若者組との争いとなっている。この一件は豊蔵の亡妻の妹いよが八月一〇日に女子を生んだことから始まる。

(5)　豊蔵一件

豊蔵亡妻妹いよ儀、当月十日女子出生仕り候につき、庄蔵、与五兵衛、伝左衛門一同豊蔵方へ罷り越し、いよ儀これまで娘御ひろふもこれなく出産致させ候儀、如何の訳にござ候哉と相尋申し候所に、同人申し聞候は若者どもへ申し訳もござなく候、この上は酒ふるまい候とも、書付成るとも差出申すべく候、それにつき御頼申したき儀ござ候趣につき相尋申し候、私並びに伜三十郎両人ども養家久左衛門聟《むこ》の人別相除き、兄伴蔵方へ引取申し候様御取計下されたき旨これ申し候につき、若者ども当惑仕り、当申年世話役信十郎、藤蔵、茂右衛門三人へ右の段相頼まれ候につき、右世話の儀不本意の儀相断り申し候、左候はば築地の家居売払候て、酒振る舞い申すべくと挨拶におよび申し候につき、誠に驚き入り候て出来がたく断に参り申し候所、今世にて出来る事をば致してくれず、よってこれより出来せざる候事を頼むと申し、豊蔵妻のよ存命のうち、もし病死致し候はば同人妹いよを私妻に致すべき段約束致し置き候、もしうろんに存ぜられ候はば、地ごくへ参られ亡妻に承るべく候などぞと申し、利不燼成る儀どもにて込り入り申し候〔二一七六〕

若者一同が、豊蔵に対して、婚姻の披露もないのに亡妻の妹いよが女子を出産した理由を問い糾した。豊蔵はその場では若者たちへ詫びて酒振舞いをするとして、豊蔵と伜の三十郎ともに今までの養家久左衛門の聟の人別を除き、兄大沢伴蔵方へ引き取ってもらうよう取り計らってくれるように申し入れた。だが、若者たちは若者世話役へ、豊蔵の申し出を断わるように働きかけたところ、豊蔵は妻のよが存命中、妹いよを自分の妻にすることを約束したといい、もし疑うならば地獄へ参られ亡妻に聞くようにと開き直ったのである。

そして、八月二二日に与五兵衛ほか一三名の若者と知行所名主平左衛門・組頭七左衛門・百姓代与右衛門が、「御地頭所様御役人中様」宛に願書を提出した。徳純は、村役人三人と若者世話役を呼び寄せて、大沢伴蔵へ豊蔵の身を引き受けさせ、穏便に解決するよう説諭した。そして、豊蔵の取扱方については、隣村の四郎右衛門・孫左衛門を「取扱立入」人とした。一方、二四日には二人より村役人と若者たちへ申し聞せたが、若者が「我意」ばかり申し募るので内済が成立せず、願書を取り下げさせている。しかし、結局「取扱立入」人の双方への働きかけと殿様の「御威光」によって、閏八月一日に済口証文と豊蔵より若者どもへの一札が差し出され、内済が成立したのであった。

なお、豊蔵は寛政一二年（一八〇〇）一〇月一三日に「郷足軽格」を申しつけられている者である。

さて、若者組と村の祭礼や婚姻秩序との関係を見てきたが、関東・中部を中心とした養蚕業地帯では、一八世紀後半以降になると養蚕・生糸の商品生産が盛んになり、農民が貨幣収入を得るようになると、村芝居や博奕《ばくち》などが盛んになった。商品経済の発展に支えられた村芝居の隆盛は、「ハレ」的な生活文化を創出したが、その中心的な担い手が若者組であった。若者組の行動は、幕藩領主にとって次のような点で取締りの対象となっていたが、容易には取り締まることができなかった。

第一に、華美な神事祭礼・歌舞伎手踊り・芝居相撲の興行などの祭礼行事に関することである。

第二に、遊日増加の要求である。従来一年間の休日は三〇日前後であったが、一八世紀後半頃より年間四〇～五〇日へ増加し、新規の祭礼が増加した。遊日には神輿《みこし》・山車《だし》を繰り出し、花火をあげ、芝居・相撲の興業が行われ、「ハレ」的な状況を作り出した。このような遊日日数の増加を、若者組が村役人に次々と要求し、名主宅へ押し掛けるという、団体交渉的・集団威嚇的な方法をとっていたのである（古川貞雄『村の遊び日』）。

第三に、婚姻に関することでは、若者組は未婚の男女の交際機関として機能し、「嫁盗み」のように親が娘の結婚に反対する場合、駆落ちする二人を匿ったり食物を提供しながら、若者組が親を説得することもあった。また、初婿入りの婿や嫁入りをする行列途中の花嫁に水をかけて祝う「水祝い」や、嫁取りの家に小石・雪玉・古草履を投げつける「石打ち」と呼ばれる婚姻儀礼や村外婚の際の妨害等にも若者組が関与している（中沢厚『つぶて』）。

近世社会においては、若者組を主体とした祭り・芝居・踊りなどの民衆の文化が存在したが、一方で彼らは遊日の増加を要求したり、博奕をしたりして地域の秩序を脅かす存在ともなっていた。

民話的世界の話

日記のなかには民話のような話もある。

下田嶋村には山犬（狼）がいて、人を喰い殺すという事件があった。元禄五年（一六九二）七月一八日「名主宇右衛門召、頃日《けいじつ》山犬はやり、下田嶋百姓甚十郎犬食殺すよしなり」〔二七〕と記され、甚十郎という百姓が狼に殺されている。七月二三日「此間山犬はやりにつき、夜に入飯田玄沢に築山《つきやま》の峯にて鉄砲三散打たす」〔二七〕と、夜に入って鉄砲で狼を威嚇している。

また、狐にたぶらかされた話もある。明和元年（一七六四）九月二六日には、次のような記述がある。

此間岩松の間々の稲荷近所御宮の北、治助宅の前通りにて、中瀬村の馬子狐にたぶらかされたりと種々話有り、よって甚五郎へ尋たる所、その馬子に一昨日逢候所、見越《みこし》入道と云うものならん、目口ハ知らず、馬の先に白き小き物見えしか、段々大きに成り、後は馬に乗たる自身の頭よりはるか高く大きく成りしままに、それぞれ驚たるまでにて、この四五日散々不快、昨日より起出るよし物語すと云々《うんぬん》　〔一一一〕

中瀬村の馬子が狐にたぶらかされ、「見越入道」（妖怪）を見たという話である。狐にたぶらかされた話は、この数日前にもあった。

又五六以前に臣宗兵衛、妹聟大館村喜八、宗兵衛兄かちや藤八方へ、その兄その弟宗八死たる七日の追善に来り、其帰りさ尾嶋へより生産着《うぶぎ》調、暮前帰宅する道軽浜の西勘定原にて、狐にたぶらかさるよし、大きに騒たるよしなり、宗八七日の時とあれば、当廿日と見えたり、喜八兼て大酒者にて、かつ七日追善帰りにいかに手回しなればとて、初産《ういざん》の祝義生産着調《ととのえ》たる事何となん、

如何なる事にも思ひ道々放心もしたるならんと云々　〔一一二〕

家臣の宗兵衛の妹婿喜八が、初七日の追善の帰りに酒に酔い狐にたぶらかされて、初産の祝儀の産着を用意して帰ったという話である。生まれたばかりの赤ん坊に着せる産着は、新生児の七夜《しちや》祝いの時に用意されるものである。酒に酔った喜八が、宗八の初七日の追善の帰りに、この産着を持って帰ってきたので大騒ぎとなったのであろう。

女衒

宝暦七年（一七五七）の女子誘拐の一件は、日記に次のように記されている。

(6)　女子誘拐の一件

二月二九日「昨日西安養寺にて、女子十二三歳の者両人、餅草つみに出たる所、そのうち壱人を三十ばかりになる旅人無理に負て北行、壱人の女子欠帰り泣て語る時、大勢立出て出塚村にて追付き取帰ると云う、彼の娘は百姓彦八という者の子なるよし、今日安養寺の大丁どもこれを物語す、これ女衒なるべし」

三月一日「昨日の女衒は、小泉の新田の者なるよし」

三月二日「世良田村袖都来る、去廿八日出塚にて女衒を女子の親、打擲の時分に通り懸りて聞たるよし物語す」　〔九九〕

二月二八日西安養寺にて、一二、三歳の女子二人が餅草摘みに出かけたところ、三〇歳位の旅人に一人が誘拐されたが、大勢で探索して出塚村で追いついて取り返すことができたという話である。捕らえた「女衒《ぜげん》」（遊女奉公の仲介業者で誘拐した女子を売りとばす者もあった）は小泉新田の者で、女子の親が「打擲《ちようちやく》」の制裁を加えている。

不義・密夫

男女の人情沙汰の事件も散見される。明和元年（一七六四）一月二七日の日記には次の記述がある。

(7) 不義密夫による殺人事件

去る十八日台の石原村名主弟、竜舞村の原にて千石村の者を切害せしという、そのいわれを尋ると、彼弟千石村へ両三年まえ聟に来る所、その家の娘に密夫ありて、家内言合聟の住しがたき躰にしなす事なれば、止事をえず離縁して、江戸へ奉公に出しが、去暮に在所石原へ引込し、十八日は台村観音の縁日、彼も参詣候はば、水方の用処も有りて小泉宿へ行くとせし途中、原へ歩み懸る時に、密夫せし男は連と同じく荷馬に乗て行違う、よくよく所悪や情きわめ、立帰り言葉を懸け、後より腰のずいを突通せば、即座に密夫をして仕留む、連の男手向《てむかい》せしをば、少疵《きず》付て追逃す、己はそれより小泉の用達し、中食などして暮に及ぶころ、千石の元縁家なりし所へ行て、離縁の女を切殺さんと刃向いしが、以前原より逃帰りたる男、爾々《じじ》の趣告候事なれば、隣家どもに競ふて捕えんとす、漸遁れて裏庭へ出しが、誤て井筒へ落入る、衆人免さず打殺んとひしめきしを、井筒に内より皆騒き玉いて、死は覚悟のまえにて、仕損んせしば無念なれども、出たまえ心静に腹切んという、衆儀出すに極りてとかくして引揚げ縛り置き、原とその家と所々番をして、地頭所へ訴えしというとも、千石の入婿せし娘は岩松村の甚兵衛が母のいうには、姪なりと云々、彼れ離縁の上の切害なれば、定て下手人なるべし、存じ付き遅き事なり、但し隣家の男は密夫せし程の者なれば、馬上より見懸けて悪口などいうたるに依て、当座凌ぎがたき事も有べし、その場より直に千石へ行たき物なり、刻限遅くもっとも残念なるべし〔一〇八〕

一月一八日に石原村名主の弟が竜舞村の原という場所で千石村の者を殺害した。この男は千石村のある家へ二、三年前に婿に入ったが、女房が男と密通したため、家の中での争いが絶えず、婿の居場所がなくなり、離縁されて江戸へ奉公に行った。しかし、昨年の暮れに石原村へ戻り、月一八日に台村観音の縁日に参詣したところ、小泉宿へ向かう途中の竜舞村の原で、その密夫と出逢ったためこれを殺し、連れの男を疵つけて逃げた。さらに、千石村の元の縁家へ行って、離縁した妻を斬り殺そうとしたが、先ほどの連れの男が縁家へ行き、事情を話したので、隣家の者たちが争って男を捕まえようとした。男は逃げようとして井戸に落ち、衆人が「打殺ん」とひしめくなかで、腹を切る覚悟でいたが、結局捕縛された。原や家や所々に番人が置かれ、地頭所へ訴えが出されたと思われる。

女衒の一件も、この一件も、当事者の家や隣家の者たちが「打擲」などの実力を行使し、「打殺し」を叫んでいる点が注目される。在地における「自力救済」の観念は強い。

博奕と放火

この時代、博奕《ばくち》は禁止されていたが、庶民の娯楽として親しまれ、一片の触《ふれ》では取り締まることができなかった。関東地方では、幕府が享保八年（一七二三）六月に博奕に関する触を出し、村役人に博奕の吟味権と過料銭（罰金）の徴収権を認めていた。延享四年（一七四七）一一月二六日には「知行所はくち流行のよし聞き及び、法度申し付ける」〔九一〕と、知行所内で博奕が流行している様子が伺われる。同年七月八日にも、「男沼村に喧嘩これあり、壱人は老人相手は若者、老死す博痴打《ばくちうち》と云う」〔九二〕、と男沼村で博奕をめぐる喧嘩で老人の博奕うちが殺されるという事件があった。寛政一二年（一八〇〇）一二月六日の日記には「夜五ツ時、知行所内に野博奕これあるよし、あらあら聞えあるにより、当役足軽源右衛門後見として帯刀殿一学、茶原林の内より薬師堂辺改る」〔一九七〕と記され、「野博奕」に対する検断を実施している。また、文化六年（一八〇九）三月一八日には「今日知行所の百姓、本人跡相続人まで残らず召出し、近頃博奕流行につき御法度《ごはっと》の趣厳《きびしく》鋪申渡す、その上先達て阿部殿より借る処の郷中御条目を読聞す」〔二二二〕と記されている。岩松氏の知行所では、知行所の百姓を残らず呼び出し、村役人ではなくて、領主が直接博奕禁止の法度を読み上げている。

岩松の屋敷の周辺では、放火もたびたび発生している。寛政四年（一七九二）二月二四日八ツ時（午前二時）頃、門前の家来猪軍太の家に放火があった。閏二月一一日夜九ツ半（午前一時）頃には、東田嶋村の名主源内宅より出火し、家財が残らず焼けた。また、同一三日夜八ツ半（午前三時）、門前の金井三次の家が本宅まで残らず焼失した。「付火なり」と記しているように、連続放火事件であったが、この放火事件の解決をはかるために、火伏せの祈禱を実施したのである。同二四日「此間諸々火事あるにつき、幸い法印を頼み、御鎮守山にて火ふせの御祈禱相頼む」と、惣持寺の法印に鎮守山で火伏せの祈禱を頼んでいる。おそらく、放火犯人が村内の者であるか否かが分からなかったため、犯人を特定することなく、火伏せの祈禱で事件を解決しようと考えたのであろう。

盗　み

近世社会においては、村共同体は盗みや博奕といった犯罪に対して独自の警察権と裁判権を保持していた。盗みが起きた時、盗みの「犯人」を究明していくために、家捜しや神威に尋ねる方法によって事件を審理し、盗人を検挙して村制裁を科していた。村の刑罰には、村追放、村八分《むらはちぶ》、赤頭巾《ずきん》をかぶせる、晒《さら》し刑、身体刑（坊主頭にするなど）、過料銭（罰金）、人足の提供、酒振舞いをさせるなど村々によって多様であった。中世以来、盗みを重罪視する観念が強く、江戸時代初期には村追放や「石埋《いしうめ》」「打殺し」などの極刑を取り決める村もあったが、一八世紀後半以降は過料銭の徴収で済ます村々が増えてきた。

寛政一二年（一八〇〇）一〇月一九日の日記には、稲盗みの記述がある。

(8)　盗み一件

予知行所出作の者尾嶋善左衛門事、知行の内出作場所稲盗とられるにつき、名主方へ届に来るにつき、名主挨拶にて証古これなく候ては、吟味致し兼る段断り申し遣すところ、小前の者ども善左衛門に名主支配下に盗賊は貴様に申し付け、百姓悪名を付けられ面目も立ちがたき故、右盗賊吟味致しくれ候様願につき、よんどころなく名主郷中掛り四郎左衛門方へ申出るところ、証古これなくにつき、入札善左衛門始並びに百姓ども入れ候は、吟味遂申すべき段申し付けるにつき、早速入札善左衛門始め入候ところ、善左衛門如何せし哉、又々右入札貰返したき段東田嶋源内をもって願う、挨拶は最早入札入れ候上にては、役人並びに支配下に盗賊有様に貰に聞も悪と御時節柄と申、右躰《みぎてい》の者支配下これあり候ては、不吟味の様成義にて役義立ちがたきにつき、是非旦那へ披見せしめ吟味を遂げ申すべき段挨拶と云々、善左衛門尾嶋名主勤めながら、不埒至極《ふらちしごく》段願出るなり、いまだ予知らざる形なり　〔一九七〕

尾嶋の善左衛門の岩松知行所内の出作地の稲が盗まれる事件が起きた。善左衛門は名主へ届けたが、名主は証拠がなくては吟味できないとした。一方、知行所の小前百姓は悪名《あくみょう》を付けられ、面目も立たないのを理由に、「盗賊吟味」を願い出た。家捜《やさが》しを行っていたかどうかは明らかでないが、証拠がないので「入札」で吟味しようということになり、入札を行ったが、善左衛門は入札を貰い返したいと東田嶋の源内を通じて願い出てくる。支配下の村に盗賊がいるというのは聞こえが悪いという理由を述べているが、最終的には岩松徳純に吟味してくれるようにとの要請があった。だが、徳純は善左衛門の要望を「不埒至極」であると述べながら、「いまだ予知らざる形なり」という感想を吐露しているのである。翌二〇日に哀愍寺や東田嶋の源内らが入札の開封の延期を申し入れ、開札が二二日まで延期になる。そして、二二日にはこの事一件の入札は哀愍寺に貰い下げとなり、済口《すみくち》証文が善左衛門と哀愍寺・村役人らより岩松の家来たちへ差し出されている。結局、二三日に入札が焼き捨てられ、この一件は解決している。この場合、稲盗みが起きて入札を実施したが、開札が実施されず入札が焼き捨てられているのである。

一八世紀後半になると、中世以来の神威の力が弱くなり、結ばれた議定が守れなくなり訴訟となって事件が公然化したり、村制裁の惨禍を逃れるために入札の開札が延期されたりする。この一件の場合は、入札が焼き捨てられ、放火一件と同じように「犯人」は特定されていないのである。このことは、それだけ神判の力が衰退しつつあり、共同体規制が緩んできたことを意味している。

闇に葬られた殺人事件

文久元年（一八六二）六月二一日には、百姓亀吉の死体が発見されているが、二二日の日記には、次のように記されている。

領分百姓亀吉事十連にて、変死候よしにて検使庄蔵より願出候につき、今晩久米・高之助差遣す、医師玄吉より容体書、並びに村役人共より書付差出し候よしにて受取来り差出し候事、実は亀岡村洗たく屋と申者打殺候よしにて、内済に今日相成り、六十二両ばかりせんたく屋より差出し、内済に致し遣し候よしなり、この者富士講先立《さきだち》にて無慮者なり、庄蔵より右一条相済候礼に金三

両差出す　〔五五九〕

殺人の真相が日記に語られている。名主の庄蔵から領主に願い出があり、亀吉の変死体の検死を家臣の久米と高之助が行っていて、医師玄吉の容体書と村役人の書付の提出で、この事件は形式的には済んでいるが、日記には俊純の筆で、殺人の犯人が亀岡村の洗濯屋であることが記されている。この者は富士講関係者で、「無慮者なり」と記されている。だが結局、内済が成立し、おそらく洗濯屋より被害者の亀吉遺族へであろうが、六二両の慰謝料が支払われ、俊純にも礼金として三両が支払われている。殺人事件であるにもかかわらず、俊純は事実を知りながら、闇に葬っているのである。

今まで見てきたように、放火犯人も稲を盗んだ者も殺人犯も逮捕されていない。盗みや放火の場合には犯人を特定できなかったが、殺人の場合は領主の暗黙の下に事件が処理されている。近世社会においては、事件が表沙汰にならない限り、様々な犯罪は村の自治に委ねられていたのである。近世社会においては、村の刑罰は傷つけられた村秩序の回復に関心があったのに対して、警察機構が整備される近代社会においては、国家が村の共同体の世界に入り込み、刑罰を犯人の懲膺《ちようよう》と改悛《かいしゅん》の手段と視るようになる。明治になると、国家の側が犯罪人の改悛ということに強い関心を持つ時代になってくるのである。

三　殿様と「呪術」

1　領主の祭祀機能

岩松氏の宗教活動

五穀豊饒と領内の安寧の維持のために、神仏への祭祀が領主岩松氏の勤めでもあった。具体的には周辺の寺社の祭礼への参詣、寺社の修復の勧化《かんげ》の斡旋、長楽寺の住持替えの時の寺の宝物の立会い、世良田東照宮の式年遷宮への参加や東照宮の警衛などがある。

そのなかには神の官位昇進についての吉田家（唯一神道をおこし、全国の神職に対して多くの免状発行の権限をもつ公家）への斡旋もあった。元禄五年（一六九二）七月七日には、「当社（下田嶋村山王宮）事を懇《ねんごろ》思うに、神は人の敬によりて威光を増し、人は神の徳によりて運を添と貞永式目にも見えたり、当季を鑑《かんが》うるに神位早うして人位高し、その故は今朝当社参詣の節、別当愚を敬《うやまう》様はなはだしき事、法に過て神を愚たるにするに似たり」（二七）と記され、神位昇進の斡旋を速やかに行うことが人の位を高くしている現状を岩松富純は嘆いている。自分に対する過度の尊敬は、神を愚することだと述べているのである。

また、岩松の歴代の殿様は屋敷内に諸々の神を勧請《かんじょう》していた。屋敷内の鎮守は、元禄の頃、伊勢・八幡・稲荷の三社から成っていたが、一九世紀初め頃には、「鎮守様」「王子藤森稲荷」「躑躅《つつじ》森稲荷」「年徳神」「御霊《ごりょう》」「八幡」「山王宮」「新田大明神」「七福神」「疱瘡《ほうそう》神」などの神々が屋敷内で祭祀の対象となった。だが、これらは時代の変遷とともに整備されてきたものである。日記を読むと、明和四年（一七六七）に「屋鋪躑躅稲荷大明神」の鳥居の建立、安永七年（一七七八）に鎮守の遷宮、天明七年（一七八七）に鎮守山の屋根替え、寛政六年（一七九四）に鎮守山稲荷の遷宮、文化八年（一八一一）に鎮守の屋根替え、安政三年（一八五六）に鎮守の遷宮の記述がある。安政三年の正遷宮の式は、九月九日に「元禄五年の先例」にならって執行されている。

なお、九月九日の重陽《ちょうよう》の節句は屋敷の鎮守の祭礼日である。元禄五年（一六九二）九月九日に、「鎮守の本社建替、今年初て鳥井建立す、右は年来の願望成就につきて、かくのごとく今日は延引す」（一七）と記され、鎮守の本社の建て替えが行われ、鳥居を新たに建立している。九月一二日に本社と鳥居の棟上《むねあげ》式が行われ、一五日に鎮守三社の遷宮の儀式が執行される。そして、鎮守の三社（伊勢・八幡・稲荷）、大黒天、家内の諸神（雪隠《せっちん》神・井戸神・竈《かまど》神・三宝荒神・宇賀神・夷《えびす》神・門の神・厩《うまや》の神）、下田嶋村の鎮守山王宮、岩松八幡宮、世良田の鎮守天王宮へお供えと幣帛《へいはく》を献上している。鎮守祭礼を祈願する寺は従来平塚村の天人寺であったが、長楽寺とのトラブルを理由に宮純が断わり、惣持寺に依頼している。

　幕末期になると、岩松の屋敷内の神々を参詣する人々が増えてくる。たとえば、新田大明神への信仰もその一つである。安政四年（一八五七）一月二五日には、武蔵国足立郡上内野村（現埼玉県上尾市）の金次郎が「新田大明神信心」の理由で鍾馗《しょうき》画を求めに来ており、二月一七日にも再び病人全快の礼のために訪れている。また、文久三年（一八六三）九月七日には、「下野事今日逗留申しつける、甲州百々《どうどう》村弥一兵衛と申者倅、猿の付物の様子にてはなはだ難渋候よしにて、予方大明神の神主に右平ゆの祈念の義頼たきよし願出候につき、今日下野へ申し付け鳴竜の祈念致させ候事、願人は下宿に逗留居り候事、かつまた予に四足退散の書一枚もらいたきよし願出候事」（五八八）、と甲斐国百々村（現山梨県白根町）の弥一兵衛の倅が猿に憑《つ》かれて困っており、新田大明神の神主に平癒の祈念を依頼してきたので、下野（新田大明神の神主）が鳴竜の祈念をし、俊純は四足退散の除札《よけふだ》を与えている。

　また、疱瘡神への参詣も多くなる。安政三年（一八五六）六月一二日には、「五十部《よべ》（現栃木県足利市）の者の由にて、小児壱人同道し、鎮守山疱瘡神へ参詣のため来り候につき……拝礼させ候よしなり、又除疫神符貰いたきよし願出候遣す（壱枚也）、礼として百疋差し出す」（四六八）と記され、疱瘡神へ子供を連れて参詣し、拝礼した者がおり、俊純から除疫神符を貰い、礼金として金一〇〇疋を差し出している。安政四年（一八五七）一二月一日にも、「鳥山村折之助来る……そのほか小児共などにて折之助共都合五人にて来る、疱瘡神へ拝礼の義願候よしにつき拝礼致させ、ほどなく帰り候よしなり」〔四九九〕と、鳥山村の百姓が小さな子どもを連れて疱瘡神へ拝礼している。このように、新田大明神も疱瘡神も幕末期の事例であり、俊純への疫神除の依頼が増加する時期と重なっている。

その他の宗教活動としては次のようなものがある。

知行所下田嶋村鎮守の山王宮の祭礼日は七夕で、この日には岩松の殿様は山王宮へ参詣する。しかし、宝暦七年（一七五七）三月二一日には、「田嶋山王宮御祭りなり、先年は七月七日となるところ、近年所相談にて一年に両度となる」〔九九〕、と従来は七月七日のみであったが、近年は三月二一日も山王宮の祭礼が行われるようになり、年に二回の祭礼となっていることが記されている。また、元禄五年（一六九二）七月七日には、「蓮台寺の新本尊大日如来開眼有り、よって今日明日は村中民家遊ひをするなり」、と蓮台寺の新しい本尊の大日如来の開眼があり、下田嶋村では七月七・八日の二日間が遊日となっている。

明和二年（一七六五）七月七日の記述によれば、阿弥陀如来を名主郷右衛門の屋敷内の堂に安置していたが、一時期尾嶋の哀愍寺へ一三、四年預け、郷右衛門の孫の要蔵の時に再び名主の屋敷内の堂に安置することにしたとある。この年から再び神輿が堂に寄ることとなり、見物人も大勢参加し、氏子も喜んでいる様子である。また、翌明和三年（一七六六）には山王宮の神輿の屋根を造ることになり、殿様が屋根板二坪分を寄進している。

寺社とのつながり

一月四日の寺社の年頭御礼に対する岩松氏の年始の返礼、四月一七日の世良田東照宮への参詣、六月中旬から下旬にかけて世良田天王祭礼・木崎天王祭礼・尾嶋祭礼への参詣、七月一五日の長楽寺への仏参、八月一五日の岩松八幡宮への参詣など、各寺社の祭礼・地芝居の見物が岩松氏の仕事でもある。

年始の返礼を具体的に見ると、たとえば元禄二年（一六八九）の場合、一月二一日に世良田天王、別当神宮寺、普門寺、長楽寺、惣持寺、平塚天人寺、徳川満徳寺、安養寺不動尊、尾嶋哀愍寺、岩松八幡宮、青蓮寺、千手院、知行所鎮守山王、蓮台寺とあり、二二日には妙高寺、東勝寺、宝性寺、教王寺、円福寺、脇屋村観音、正法寺の名が挙げられている。これらは、ふだん岩松氏へ出入りしている寺である。

また、岩松氏は毎年正月三日の江戸城における将軍への年頭の礼の後、関東の天台宗の総本山である東叡山寛永寺へ年頭の挨拶を行う。享保一二年（一七二七）八月三日に「東叡山勧学寮百万人講勧《かん》化《げ》につきて、輪王寺宮より令旨《りょうじ》頂戴、これにより新田郡内へ右勧化の趣廻状をもって案内達せらる」とあり、天台宗東叡山寛永寺よりの令旨を受けて、岩松氏が新田郡内の村々に勧化の廻状を触れ廻している。そして、史料(1)はその時の廻状である。

(1)　百万人講勧化の触状

口上の覚

今度東叡山百間御長屋百万人講勧化の儀つき、御長屋の十老衆関東八州へ御廻り勧化致され候、新田郡の儀は旦那所縁の地にこれあり候の間、御案内くれ候様と東叡山御執当衆より御頼みござ候、これにより新田郡内郷村御料所御給所方の村役人中迄先達て申し入られ候、追付十老衆御廻り候の間、その節よろしく頼入り存ぜられ候、兼てここ元へ近年御出入中絶の村方もこれあるべく候えども、余儀なく書付申し越され候、なおまた寺社方へもそこ元より御通達下さるべく候、右の趣申達すべき旨申しつけられ候間かくのごとく候、以上

岩松満次郎内
高山弥右衛門（印）
高山七右衛門（印）
大沢七兵衛（印）

九月

次第不同

粕川村（印）　下江田村（印）
中江田村（印）　高尾村（印）
小角田村（印）　下田中村（印）
上田中村（印）　矢嶋村（印）

今　井　村（印）　三ツ木村（印）
女　塚　村（印）　高　岡　村（印）
八木沼村（印）　平　塚　村（印）
世良田村（印）　花香塚村（印）
境村の内御料所（印）
右村々御名主衆中

この時の勧化は一七ヵ村へ廻状を触れ廻している。岩松氏の知行所は下田嶋村一村であったが、「新田郡の儀は旦那所縁の地」とあるように、岩松氏と新田郡との関係は中世以来の深いものであった。しかし、近年は出入りの中絶した村々もあったが、この享保の勧化金徴収の際、新田郡内への触の廻状を契機にして、岩松氏と新田郡の村々との出入り関係が復活するようになる。享保の時点では岩松氏は家来を通じて村役人に勧化の申し入れを行っているが、勧化金を直接に徴収していない。天保六年（一八三五）三月東叡山勧学校修復勧化の場合には、岩松氏は新田郡三九ヵ村から勧化金を直接に徴収している。太田町・尾嶋町・藪塚の各改革組合村にまたがる地域である。たとえば、太田町の改革組合村は、新田郡二四ヵ村、山田郡一三ヵ村、邑楽郡三ヵ村であるが、勧化金が徴収されたのは新田郡内の村々に限られている（一〇四頁の図参照）。

また、文政七年（一八二四）の新田郡市野井村の生品《いくしな》神社の勧化の際には、新田郡内八九ヵ村の

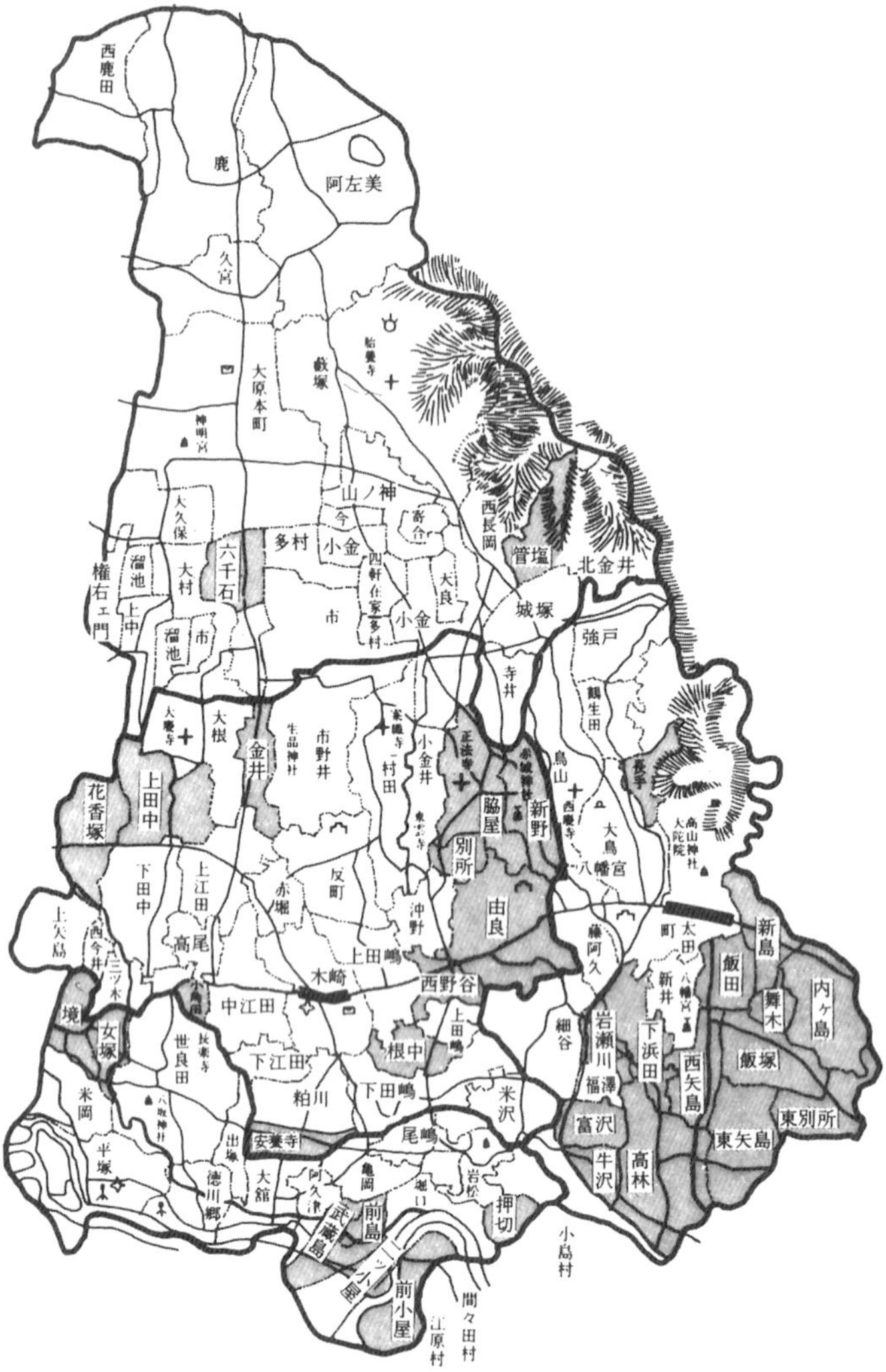

新田郡の村々

濃色の部分は勧化金を納めた村，太線は組合村の境界.

村々に足軽を派遣し、村々で請け負うように村役人へ交渉している。

このように、岩松氏は、新田郡内の天台宗の寺院や神社の勧化・配札の廻状を触れまわったり、勧化金を徴収したりしたが、さらに、幕末期になると、遠方の寺社から配札のとりなし願いが出される。元治二年（一八六五）二月、本多美濃守支配所三河国碧海《あおみ》郡矢作《やはぎ》里光明寺より「新田殿御家老中様」宛に徳川天満宮の再建のために、「御府内武家町々三河国始諸国信心の輩、当丑年より七ケ年相対配札」（『新田文庫資料集Ⅰ』）のとりなしが願い出されている。

さて、次の史料(2)の例に移ろう。従来、長楽寺においては、住持替の時、寺の宝物改めの立会いを寺の人間と目代の菊池七郎右衛門が行っていたが、宝暦九年（一七五九）よりは永徳寺・普門寺等とともに、岩松氏も立会うようになる。

(2)　宝物改めの際の立会い願い

一箇啓達致し候、しからば世良田長楽寺は古来より宝物などあまたこれあり候ところ、唯今までのうち寺中併びに菊池七郎右衛門立合い、帳面印形致し候て相済候えども、向後は住持替の節、永徳寺普門寺内外寺中併びに菊池七郎右衛門立合い、什物帳面の通り相改め、右の面々印形致し相違なき様に仕るべき旨申し渡し候、右につきそこ元御事従来長楽寺の儀、御懇切成され候儀候えば、これ以後住持替の節は、右の者ども立合い什物相改め申すべく候間、その節御立合い成されいよいよ什物請取渡しの節ともに御立合いござ候様頼み入り存じ候、この段御意を得たくか

くのごとくござ候、恐惶謹言

九月三日

住心院
空潭（花押）
信解院
深海（花押）

岩松兵部様

宝暦九年（一七五九）九月一二日の日記には、「今日長楽寺什物改め請取渡しこれあり、永徳寺普門寺外内寺中菊地七郎右衛門立合い、予も立合うなり、この立合いは上野御門主より今度御頼みにつきてなり」〔一〇〇〕と記され、上野寛永寺よりの依頼で長楽寺の什物の立会いを行うことになったことがわかる。なお、岩松の殿様は、世良田長楽寺などの天台宗の僧正の跡式相続については、東叡山門主へ取り次いだり、また、岩松八幡宮の神主の官位願いを吉田家へ取り次ぐこともあった。

また、世良田東照宮との関係も深く、岩松氏は東照宮の式年遷宮（社殿を造り替え、旧殿の神体を新殿に移す儀式）に出席しており、文化一二年（一八一五）二月二三日世良田長楽寺において、「東照宮御法事につき、固め出候により、家来筋の者どもへ勤番相頼み候、世良田・平塚・中瀬・尾嶋・今井右の村々へ足軽をもって使廻状まわす」〔二四八〕と、世良田東照宮の「警衛」を勤めていた。ところが、慶応元年（一八六五）三月に東照宮の二五〇回の「御神忌」の警衛を長楽寺僧正から依頼されるが、岩松俊純は「当節品々御故障の御場合も在らせられ候につき、御警衛の儀は御延引成されたく」と述べ、警衛の延期を長楽寺へ申し出ている。長楽寺僧正は「何等の筋にて其御許様御警衛御延引に相成候哉と僧正疑惑を受候」と俊純の行動に不信感を持ち、彼の出席を強く要請している。結果的には、当時の尊王運動に巻き込まれていた俊純は「不参」し、家臣の畑織之輔が代参した。この一件以後、尊王攘夷運動のシンボルとして祭り上げられていた俊純の公儀〈幕府〉離れが始まり、幕府と朝廷との間で揺れ動くようになる。

2　在地の信仰習俗とのつながり

民間信仰の隆盛と染筆への依頼

群馬県内で、岩松氏の歴代の殿様が染筆《せんぴつ》した石造物は、付表2に示したように現時点で四五点発見されている。現存している染筆の石造物の内、一番古いのは安永九年（一七八〇）で、一九世紀以降のものが四一点である。染筆石造物四五基の内訳は、月待日待塔一七基・扁額《へんがく》九基・庚申塔《こうしんとう》七基・木曾《きそ》御岳《おんたけ》講供養塔六基・出羽三山供養塔二基・馬頭《ばとう》観音二基・聖徳太子供養塔一基・石尊塔一基である。地域的には新田郡を中心として新田町・尾島町・明和村・桐生市等東毛地域に多いが、伊勢崎市・渋川市・富士見村の中毛地域や藤岡市・吉井町・榛名町の西毛地域にも点在している。

日記には一七四〇年から一八六四年までの一二四年間に一〇五件の染筆の依頼が記載されている。

年代的には、一七四〇年代が一件、五〇年代が二件、六〇年代が一件、七〇年代が五件、八〇年代が五件、九〇年代が三件、一八〇〇年代が一〇件、一〇年代が八件、五〇年代が三六件、六〇年代が三四件となる。これより、幕末期の俊純の時代に特に多いことがわかる。一方、国別に見ると、上野国が五八件、武蔵国が一六件、下野国が三件、その他信濃国・越後国・相模国各二件、甲斐国・羽前国各一件の依頼があった。上野国が半分以上を占め、武蔵国も多く、その他東日本の各地から依頼があったことがわかる（付表3参照）。

おもな染筆の対象は鎮守や鳥居などの扁額・額字で四五件あった。一八一〇年代までは、鎮守の額字の依頼が圧倒的に多いが、なかでも「飯福《いいふく》大明神額」「鹿嶋大明神額」「妙見額」「稲荷額」「八幡宮鳥居額」「延命地蔵尊額」「白山額」「金比羅《こんぴら》額」「天王額」など多様な民間信仰の扁額が多数を占める。幟《のぼり》の染筆は一三件あり、「八幡宮幟」「鎮守幟」「石尊宮幟」「産神諏訪《うぶすな》幟」「天王稲荷幟」「御岳山幟」などである。

さて、染筆の最初の事例は、元文五年（一七四〇）四月八日の日記に「（武野）源左衛門頼にて、伊勢崎領茂呂《もろ》村鎮守額書を遣す、正一位飯福《いいふく》大明神と書く、裏に元文五庚申初夏吉日岩松氏慶純《やすずみ》謹書とす」（八三）と記されている。文化一二年（一八一五）五月の武蔵国多摩郡駒木野村の稲荷大明神・熊野三社大権現の場合も、文政二年（一八一九）一二月の比企郡古凍村鎮守鷲宮大明神の幟の場合も、「大破につきこのたび再造仕り候」（『新田文庫資料集Ⅰ』）と、鎮守の扁額への染筆依頼は、村の鎮守

石尊大権現の石塔（真光寺境内，左の写真）
庚申塔・二十二夜塔（長楽寺境内，右の写真）

の再建のなかで行われている。さらに、個人の屋敷神の扁額の染筆依頼は、村役人クラスの村内での宗教的な権威づけを高める動きのなかで行われていた。

そして、俊純の時代には、様々な民間信仰の石造物へと染筆の対象が広がっている。特に、万延元年（一八六〇）の庚申の年には、一四件の「庚申」の染筆の依頼があった。その他、新田郡平塚村の若者が大山石尊に奉納した太刀、廿二夜の女人講の石塔の染筆もある。

群馬県全体の庚申塔は八二五八基現存しているが、年代別に見ると、一六〇〇～四九年に九基、一六五〇～九九年に二六四基、一七〇〇～四九年に九四六基、一七五〇～九九年に一七二四基、一八〇〇～四九年に二〇九一基、一八五〇～六七年に一五七九基となっている。庚申の年にあたる一八〇〇年は一一五二基、一八六〇年は一二九九基である（『庚申塔と月待・日待塔』）。これら石造物の建立は、一八世紀前半から増加し、特に一八世紀後半から一九世紀後半までの一〇〇年間に集中している。

一七世紀頃までは「結衆」「一結」と表現される講の主体は、中世の土豪層の系譜をひく有力農民であったと考えられるが、一七世紀末頃からは、「村中」「惣村中」と表現される惣百姓参加型の庚申講となる。したがって、一八世紀後半以降の石造物の建立は、民間信仰を中心とする民衆文化の隆盛を意味している。村・小字・講連名・個人・同族団別に見ると、一八世紀前半までは、村・講連名のものや小字単位の石造物が多かったが、一九世紀後半以降は、個人・同族団建立の庚申塔が多くなる。特に、庚申の年にあたる万延元年（一八六〇）の庚申塔には、高林村長勝寺の六〇基、中江田村原の百庚申など大量に建立されている。一八〇〇年と一八六〇年の庚申塔の数の多さは、惣村単位だけでなく、同時に個々の家や同族団単位で建立されていることがその要因である。このような石造物などの建立に見られるように、民間信仰の主体は家・同族団のレベルになっていったのである。

なお、新田郡の月待日待講の石造物は三七九基である。そのうち女人講の二十二夜塔が二五三基と一番多く、二十三夜塔が六七基、甲子塔が大黒天を含め四五基、巳待塔は弁財天を含め一六基である。二十二夜講は女人講として安産や子育てを祈願したが、二十二夜塔の初出は元文元年（一七三六）であり、二十三夜塔の初出は半世紀遅れた寛政二年（一七九〇）である。道純・俊純の染筆した石造物は、二十二夜塔一〇基・二十三夜塔二基・大国主神三基で幕末期に集中している。また、嘉永元年（一八四八）以降の新田郡の月待日待塔九二基のうち、岩松の殿様の染筆したのが一三基で一四％を占めているが、さらに、岩松以外の僧侶の染筆を含めると二三基となり、染筆の石造物は二五％を占める。

このように、一八世紀後半より一九世紀後半までの一〇〇年間は、石造物の建立が飛躍的に増加し、民間信仰の隆盛した時代であった。幕末期に人々が岩松氏や僧侶などの染筆を求めるのは、石造物そのものに箔をつけ権威をもたせる意味があったと考えられる。

猫絵の殿様

さて、一八世紀後半頃からは、岩松氏への絵の依頼が多くなる時期である。依頼の件数は、年代別に見ると、一七四〇年代に二件、六〇年代に一四件、七〇年代に一一件、八〇年代に三一件、九〇年代に一七件、一八〇〇年代に一八件、一〇年代に一一件を数えている。地域的には、上野国の五六件、武蔵国の一七件が圧倒的に多い。一七六〇から七〇年代では観音・薬師・八幡・弘法大師・一遍上人霊夢像・廿三夜等の信仰にかかわりのある絵画や竜・紅葉滝・獅子鷲《ししわし》・松鶴・富士などの風景画の依頼が多く、八〇年代になると大黒天の絵の依頼が急増する（付表4参照）。

孝純は寛政元年（一七八九）一月七日の日記のなかで、「今夕甲子待、予子の年これにより数十年子待す……予下手なれども、写絵認るにつきて、近辺の民家の者ども熱望す、よんどころなく認め遣す」〔一五三〕と述べている。近隣の百姓町人の熱望で、大黒天の絵は子待講の本尊として利用されていた。一七八〇年代における大黒天の絵の依頼の急増は、新田郡での甲子待の民間信仰の隆盛を意味する。その他、疱瘡除けの護符の効能を持つ鐘馗の絵も多い。寛政四年（一七九二）四月一九日の日記には、「東田嶋の名主要蔵、先達て孫出生につき、なにとぞせい長仕り候様、若殿様方御小ばた御拝領仕りたくと申す事につき、則菊丸こばた竜の絵壱枚、差し遣すよし挨拶いたし遣す」〔一五九〕、と東田嶋の名主要蔵が、生まれた孫の成長を願って、徳純に竜の絵の小旗を頂戴したいと頼んでいる。

そして、一七九〇年代に入ると猫絵の依頼が急増する。養蚕の盛んな地域では、養蚕飼育の上で鼠は大敵とされ、新田猫絵が鼠除《よ》けの効果があるものと信仰されていた。義寄・徳純・道純・俊純の四代の殿様が養蚕農民からの所望で猫絵を描いているが、享和三年（一八〇三）三月五日には信濃国の種売りが安養寺村八十次を仲介にして猫絵を求めている。おそらく、このような奥羽や信州の蚕種売りが養蚕農家に猫絵を普及させた要因の一つと考えられよう。

文化一〇年（一八一三）の「信州御道中御画願人控」（『新田文庫資料集Ⅰ』）によると、徳純はこの年の九月から一〇月までの約一ヵ月間、善光寺参詣のため信州へ旅をし、沿道の役人クラスの町人・百姓から絵を所望され、一ヵ月間に三〇七枚の画を描いている。その際、所望されたのは、墨画・猫絵・鐘馗・福禄寿等で、猫絵を九六枚、鐘馗の絵を三一枚描いている。一八世紀末頃から養蚕生糸の経済活動の盛んな上州・信州・武州などの地域では、猫絵が養蚕農民から所望され広く普及していった。

では、岩松の殿様がなぜ猫絵を描いたのであろうか。新田義貞の子義宗の守本尊《まもりほんぞん》の由緒を持つ埼玉県所沢市の薬王寺の「鼠薬師如来縁記」（『埼玉叢書』第三巻）には、次のような記述がある。

> 武蔵府中、鼠夥《おびただしく》敷流行《はやり》て、農家に貯置種物穀物を喰い、田畑に仕付置もの何によらず荒しければ、誰となく是は新田家の従類戦死の人々が怨霊なりと沙汰しける。されば当寺の薬師如来こそ、新田家の大将義宗朝臣の守本尊なればとて、遠近の農民願いを掛るもの、不思議に鼠の愁をまぬかる。夫《それ》より鼠薬師と称し、殊に農家を守らせ玉うらん諸人信仰すれば、田畑を荒し蚕に付喰う鼠の煩いをのがれしめ給う。其利益は世人の知る所なり。

鼠による作物荒しの被害に悩まされた武蔵国の農民たちは、その原因を新田家の怨霊に求めていた。新田家の怨霊を鎮めることによって、鼠除けの利益をもたらす鼠薬師は農家の守護神となっている。鼠害《そがい》が新田家の怨霊によるという俗信の上に、蚕を食べる鼠を睨みつける新田の猫絵は、上野・武蔵・下野・信濃の地域の養蚕農民に鼠除けの利益があるとして歓迎されたのである。

次に、猫絵や染筆の石造物に記された名前に注目してみよう。岩松の殿様は、幕府に対しては岩松氏を公称としていたが、染筆などの際には、「新田源道純」「新田嫡流源道純」「新田義貞裔源道純」「新田義貞嫡宗《ちやくそう》源俊純」「清和類子新田嫡宗源俊純」と記し、「新田」「源」の姓を名乗っている。在地社会の側も家名・家譜を重視する考えから、武家の棟梁である源氏の流れを汲む新田氏の「貴種性」を求めていたのである。

狐憑・疫神・疱瘡と岩松氏の除札

前近代の日本では、悪霊や動物などの霊が人にとり憑いて、その人に災いをもたらすと広く信じられていた。狐憑《きつねつき》は狐の霊がとり憑いて精神的異常をきたすものと見なされ、狐の憑いた家は日常的な付き合いや縁談、さらに田畑の貸借、小作・奉公人の雇用、融通等の経済的な関係まで村八分の状態に追い込まれる。そこで、狐憑を封じるために修験《しゆげん》や神官等の宗教者に祈禱を依頼することがあった。

狐憑と岩松氏との関係で特徴的なことは、殿様からの草履《ぞうり》の下付である。狐憑除の依頼の最初の事例は、天明五年（一七八五）一月二七日の日記に「平塚村清治という者の妻、狐付によって咒願《じゆがん》（呪文を唱えて祈願すること）、大館の女（清記妹也）取次にて、亭主草履遣すと云々」（一四五）とあり、義寄が草履を与えている。文化六年（一八〇九）四月二五日の日記にも同様に、「泉井村平井幸七来る、これ隣村釜形村の女狐付たる様子にて、草り貰いに来る、則遣す」（二二二）とある。また、文政七年（一八二四）六月三日の日記には、勢多郡小室村の大久保豊後守知行所の百姓喜兵衛の一六歳になる娘が狐憑となり、お守りを家来の四郎左衛門に願い出たので、道純がお守りと草履を与えている。

このように、一八世紀の後半頃には、岩松の殿様の草履は、狐の霊を放つ呪力があると人々から信じられていたのである。だが、狐の霊を放つ草履は、岩松の殿様のものだけではない。利根郡川田村の民俗報告には、次のような源為朝《ためとも》の草履の事例が紹介されている。

此草履は狐つきが放れるといわれており、明治十年頃迄は狐につかれたという家から借りに来たといわれ、其数も数十戸に及ぶといわれる。一度此の草履を借りて懐中して行くと、其の家のつきものの人は、怖いものを持って来たなどといって大騒ぎをする。それで間もなく離れるとの事である。

また、「鎮西八郎為朝の宿」と紙に書いて戸口に貼ると、疱瘡《ほうそう》除けになったともいう（大島建彦『疫神とその周辺』）。

辻本正教の研究（「御根太草履と呪的世界（上）」〈『部落解放史ふくおか』七七号〉）によれば、癲癇《てんかん》・疱瘡・皮膚病を治す草履の事例が紹介され、病いと草履には切っても切れない関係があるとされている。岩松の殿様の草履には、狐の霊を放つ呪力があると信じられていた。そして、この草履は、三月三日の上巳の節句、五月五日の端午の節句の際に世良田村のえたが献上したものと想定される。

このほか、岩松氏へ瘡毒の薬や疱瘡除けの札を貰いに来る事例もある。寛政三年（一七九一）九月二七日には「当家秘方のきうてん願に来る、即予おろし遣す」（一五六）とあり、「きうてん」はおそらくお灸のことと思われる。岩松氏の秘法のお灸を下付したのである。文化七年（一八一〇）一一月一〇日には、「江戸在王子村の後滝の川村百姓、野間忠五郎知行所名主庄兵衛・同役喜左衛門と云者来る、伜初次郎狐付たる様子にて札を貰いに来る、尾嶋京屋伊兵衛案内す、即ち病難除札壱枚遣す」（二二八）と、江戸の滝野川村の名主が伜の狐憑を封じるために、尾嶋の京屋伊兵衛を通じて「病難除札」を岩松徳純から貰い受けている。

付表5の除札一覧表は、明和四年（一七六七）から慶応三年（一八六七）までの一〇〇年間に、岩松氏へ除札を求めてきた依頼人の村名・氏名・依頼内容と下付物・趣意金をまとめたものである。除札を求める件数は、一〇〇年間で一〇六件に及んでいる。

これを地域的にみると、上野国が七五件と武蔵国が一六件で、この二国で全体の八六％を占めている。上野国では新田郡の三二件と勢多郡の三四件が圧倒的に多い。村では、勢多郡南雲村（長井小川田村）一二件、棚下村六件が特に多い。武蔵国では一六件の内七件は秩父郡である。

また、年代的特徴では、一八世紀後半に七件、一九世紀前半に一一件、一九世紀後半に八八件と、幕末の俊純の時代に集中している。ただし、一九世紀前半の道純の時代の日記が残っておらず、その数が入っていないので、この時期の件数は実際にはもっと多かったと思われる。

では、いつからこのような除札を発行していたのだろうか。

一七六〇～九〇年代は義寄が除札を発行しているが、義寄が除札を下付した最初の事例は、明和四年（一七六七）二月一日で、「門前孫右衛門彦猪八、疱瘡呪願付、守認め渡す」（一一五）とあり、疱瘡の呪願につき、お守りを下付しているというものである。また、疫神除《えきじんよけ》を発行するきっかけは、寛政七年（一七九五）一月一二日の次の事例からであろう。

前橋在間ケ部村（勢多郡真壁村）友となん云える者来る、これは去年父君赤城御入湯の節、足をいたがり候を御まじないなされ候、早速二三日の内になをり、大きに有りがたがり、それゆえこのたび年始として来る、蕎麦二袋持参なり、又々このたび疫神除十七枚遣す　〔一六七〕

義寄が、赤城入湯の際に勢多郡真壁村の足を痛がる者に対してまじないをしたところ痛みが直り、それを有難く思い、義寄に疫神除を求めに来た。これに対し、義寄は疫神除を一七枚下付している。この一件から殿様の除札の効能が勢多郡の農民に評判となり、以後勢多郡の村々からの依頼が増加している。

のち、一八〇〇〜二〇年代では徳純が札を発行している。その内訳は狐憑五件（草履四・病難除一）・疫神除五（札四・文字一）・御膳下り一・疱瘡守り一である。御膳下りについては、文政七年（一八二四）七月一八日の次の事例がある。

武州秩父郡名栗村常八と申す者、尾嶋境野弥平次案内にて罷り出候、右は常八親並びに弟林之助義、去年中より長病につき、御膳御下り頂戴仕りたき旨弥平次をもって願いたてまつり候ところ、願の通り下し置かれ候、右御礼として金弐百疋献上たてまつり候　〔一七三〕

名栗村の常八は親と弟の長病を理由に、徳純の御膳の下りを求め、徳純もそれに応じている。御膳の貰い下げはこの一件だけであるが、俊純の時代に箸を求めている事例が一件ある。膳や箸などの食器は、その人間の「分身とも意識」されていた。膳や箸の貰い下げは、岩松の殿様のマナーを分有することによって、病者の霊魂を再生し、病いを治癒する意味があったと考えられる。

だが、先述のように、除札は幕末の俊純の時代に集中している。幕末期は流行病の時代でもあり、一八五〇年代から六〇年代にかけて、コレラや麻疹《ましん》が流行した。したがって、俊純に除札を求める人々の依頼内容も多様になってくる。一八五〇年代では疫神除二〇件・四足退散一五・高盛飯八・疱瘡神三・狐憑二・けが除一・厄神除一・薫物《たきもの》（種々の香を合せて作った練香《ねりこう》）一・尊書一・湯立などであり、一八六〇年代では疫神除一八件・四足退散一三・高盛飯四・疱瘡四・薫物二・小児夜泣きまじない歌一・虫封守り一・「悪魔退散」の書一・俊純の「衣服の切」一・即功散一などである。

狐憑封じでは、徳純の時代では草履の下付が主であったが、俊純の時代では四足退散の札や高盛飯・黒方《くろほう》（薫物の一種）などがある。

慶応元年（一八六五）閏五月五日「西上州南雲新田某の村百姓一人来る、四足退散貰いたきよし願出る、かつ予衣服の切も貰いたきよし願出る遣す、四足は一枚遣す、礼に金百匹差し出し帰る」（五九八）と、四足退散の札以外に、俊純の「衣服の切」も貰い下げている。衣服が「魂の著《つ》き場所」と観念されていたからである。

安政五年（一八五八）にコレラ、文久二年（一八六二）には麻疹が流行し、流行病として人々に深刻な恐怖をもたらした。このような悪病をはやらせる疫神をよけようとして、岩松氏の疫神除札を求めに来る人々は幕末期に急増したのである。安政二年（一八五五）三月七日には「武州半尾（飯能）在尾小瀬村（入間郡越生村）田嶋又作組下百姓妻来る、除疫神はし高盛めし貰い来り候につき、相渡し遣す、挨拶として四百匹差し出す」〔四四九〕、同一二日「川越領武州秩父郡阿賀野村北小原の者来る、疫神除四足退散高盛飯貰い来る、差遣す、挨拶金として百匹差出す」〔四四九〕、と武蔵国入間郡越生村・秩父郡阿賀野村の事例のように、疫神除札ばかりでなく、高盛飯や箸を求めに来ている。

高盛飯を求めている事例は一一件あり、上野国では新田郡二ツ小屋村の女性を除くと、勢多郡二件・利根郡一件、武蔵国では秩父郡三件・入間郡一件（越生村）・比企郡一件（玉川村）など山村地域が多い。これらの地域の人々にとって、白飯はハレの日の食事として貴重であっただけでなく、米の霊的活力による生命の再生、病いの回復をもたらすものであった。

また、知行所の百姓や家臣に対しても疫神除札は下付された。寛政一二年（一八〇〇）閏四月八日「四郎左衛門知行所へ疫神除札遣す、例として百姓どもより鰹節弐本持参す」〔八七九〕、万延元年（一八六〇）五月二日「この節疫病流行につき願出候につき、家来ども並びに惣百姓どもへ疫神除遣し候につき、今日認め表へ下げ遣す」〔五四〇〕と、疫病流行につき家来・惣百姓へ疫神除を配布している。また、安政四年（一八五七）に俊純は草津温泉へ湯治に行くが、行く先々でも疫神除を下付している。

なお、安政二年一〇月上旬に岩松俊純が発行した「疫神除符」が残っている。

(3)　俊純が発行した疫神除符

小林主水藤原広宗門人小山平馬原厚於春

大山祇命
極て汚も滞無れは穢は有らし、内外の
玉垣清浄と申す
篭簾乙　　疫神除符
新田岩松満次郎様御許

この除札の「篭簾乙《きしおつ》」については、「此篭簾乙の三字を紙に書きて門戸に張ば、疫鬼悪病を除る」（大島建彦「『篭簾乙』という呪符」〈『関西外国語大学民俗学談話会ニューズレター』九〉）という意味がある。

また、疱瘡封じのまじないとして俊純は小児を踏むという呪術を行っていた。文久三年（一八六三）六月一日「堀口村の者のよしにて、母付来り小児一人同道来る、疱瘡咒《じゆ》に予に踏呉れ候様願出候えども、守護の札遣し候事、小児呼び出し菓子遣し候事」（五八八）、同年六月二五日「前嶋村菊女来……小児一人連来る、疱瘡咒に予に踏呉れ候様願出る、踏遣し候事」（五八八）、と前者は疱瘡の守札を与えたにすぎないが、後者は実際に疱瘡咒として小児を踏んでいる。疱瘡咒をする俊純は、「呪術師」の様相を呈している。

ほかに俊純の「呪術」としては、安政五年（一八五八）のコレラの流行の際に、神前で湯を沸かし、柏で葉を浸して自分の身などに振りかけ無病息災を祈禱している例もある。また、江戸でのコレラ除けのまじないをまねて、八月二一日には表門と裏門の門口に天狗円扇葉・杉葉・とうからし・赤紙の四品を吊り、疫病を除けようとしたり、翌二二日には、硝《しよう》十匁・硫黄五匁・消炭《もんめ》十匁・白砂糖五匁・重薬少し・杜松子《としようし》（ねず）少々を混ぜたものを焚いている。

麻疹が流行した文久二年（一八六二）には、日記に次のように記されている（八月二二日）。

今日は蓋《ふた》これなき井戸は蓋致し、又朝食事已来は食事致さず烟草《たばこ》も呑《の》まず、又四より八迄の内は外出致さず候えば、この節流行の暴病を煩わず候につき、右の通り致すべき旨領主御代官より兼て申し渡しこれあり候よしにて、この辺達まで共右の通り致し候よしなり〔五七八〕

はしかの予防のために井戸に蓋をし、食事もせず煙草も呑まず、四ツ時（午前一〇時）から八ツ時（午後二時）までの外出禁止が領主・代官によって布達された。そうすれば麻疹にかからないと観念されていたからである。

そのほか、万延元年（一八六〇）四月四日「夏事今日惣蔵同道帰行、夏へお福より包物遣す、又願につき小児の夜なきまじないの歌一葉認め遣す、又箱並びに高盛飯遣し候事」〔五二九〕、と小児の夜泣きまじないの歌を認めて与えている。そのほか、眼病のがれのために薬師へ「眼」の字を奉納したり、「悪魔退散」の書を認めている。文久三年（一八六三）には、母親が小児を連れて、俊純に疱瘡呪として踏んでくれるように頼んでいる事例が二件あり、慶応二年（一八六六）には、一件のうち七件は女性が直接に疫神除のお札を貰いに来たり、鎮守の疱瘡神へ参詣している。小児の疱瘡などの看病は母親の仕事であり、彼女たちが直接に岩松屋敷へ相談に来ているのは注目されよう。

勢多郡南雲村の狐憑一件

幕末の俊純の時代になると、狐憑封じの依頼が多くなり、四足退散のお札を依頼する件数が増大している。先に述べたように、前代の日本では、悪霊や動物などの霊が人にとり憑いて、その人に災いをもたらすと信じられていた。狐憑は狐の霊がとり憑いて精神的異常をきたすものとされ、関東地方では「オサキ狐」、中部地方では「クダ狐」、東海地方では「オトラ狐」、東北地方では「イヅナ」とも呼んでいた。寛延四年（一七五一）四月の上野国甘楽郡譲原村（群馬県鬼石町）百姓の「おうさき」禁止の請書には、「百姓の内誰れにはおうさき持の由申立て、又は病難の節、誰おうさき附き来り候由申儀これあり、山伏など相頼み除けの祈禱仕り候旨、尤おうさき持の名に立つ者とは自然と附き合いなども遠慮致し、金銀貸借などにも差支《さしつかえ》難儀仕り候者多く候由」（『群馬県史資料編九』）と記され、狐の霊が憑いた場合には、山伏などに狐憑除けの祈禱を依頼している。依頼者の多くは、「おうさき持」の家として、あるいは「憑《つ》きもの筋」の家として、日常的な付き合いや縁談、さらに田畑の貸借、小作・奉公人の雇用、融通等の経済的な関係まで村八分の状態に追い込まれることが多かったからである。

さて、勢多郡南雲村（長井小川田村）は、岩松氏への除札依頼の件数が一二件と一番多いが、次に紹介する松太郎の一件はその南雲村の事例で数年に及んでいるものである。安政四年（一八五七）に、南雲村松太郎は狐の霊が憑いたと非難されたため、前橋藩の役所へ出願しようとしたが、内済にするよう申し渡され、栃久保村弥十郎を扱い人として内済が成立した旨を俊純に報告している。しかし、次の史料(4)は五年後の文久二年（一八六二）のものだが、この一件がまだ解決していないことがわかるのである。

(4)　南雲村狐憑一件

文久二年閏八月二三日

世良田村平七来る、西上州勢多郡南雲村百姓三人同道来る、四足退散四十枚願出る、認め遣すべき旨申しつける、来月一日に取りに来るべきよし申し聞ける、右三人より別に鐘馗猫画六枚願出る、遣し候事、画の礼に金二両又四足退散礼に十両差出す、かつ右願の事聞済に相成り候、礼として別に三両差し出す、家来どもへ金五十匹差出し候事、もっとも右書認め遣し候ても、故障などこれなき趣の書付、今度三人より差し出させ候事、四十枚願候事は今度同村松太郎と村内一同おさき狐一条につき、領主役場へ願出、出入に相成り候所、今度予方へ願出四足退散認め貰う、村中残らず所持おり候事に、仲人これあり取極内済に相成り候よしにて、右書村中一同より願出候事なり、皆帰り行く　〔五七九〕

文久二年（一八六二）に狐憑きの一件が再発し、閏八月二三日には、松太郎と村内一同との間でこの件につき前橋藩へ出願したというものである。この事件は、南雲村の清水・年丸両組の百姓・若者たちが、「尾先所持」（「憑きもの筋」の家）を理由に、分家七人の者を通じて松太郎へ村八分を言い渡したことから始まったが、そのため、一家親類が残らず松太郎から離れ、奉公人や小作人を抱えることができなくなり、松太郎は苦しい状態に追い込まれていったのである。しかも、南雲村は、両組で五〇軒の家数があるが、大勢の村の者が「惣連判」の議定を結び、「尾先所持」の旨を申し立てたため、松太郎の家は日常的な付き合いや縁談なども出来なくなるおそれが生じたのである。そこで、結局、俊純から四足退散のお札四〇枚をもらい、村内の者がお札を所持することで内済が成立している。なお、村内から「尾先所持」を申し立てられた理由は分からないが、奉公人を雇ったり、小作人に田畑を貸しているところから、松太郎の家は村内でも上層農民であったと考えられる。この一件は新興の有力農民である松太郎に対する「尾先所持」を理由にした小前百姓の側からの村八分であったといえる。

宗教者としての殿様

前述したように、孝純以降の歴代の殿様は多くの絵画を描いている。例えば孝純は観音・薬師・八幡・弘法大師・一遍上人霊夢像・廿三夜などの信仰にかかわりのある絵画や竜・紅葉滝・獅子鷲・松鶴・富士などの風景画を依頼に応じて描いていた。彼は信仰心が篤い殿様で、安永八年（一七七九）七月七日の日記には、寛延二年（一七四九）より安永七年までの三〇年間勤めてきた霊符前での勤《ごん》行《ぎょう》は、七二歳になったので今日よりは略法で勤め、「定式の聖降日並びに日待の勤」（一二八）は生涯続けていくことを述べている。天明八年（一七八八）の八一歳の時も、朝は神前・仏前、夜は神前・霊符前の勤めを怠っていなかった。また、一七八〇年代に甲子講の普及とともに大黒天の絵の依頼が急増するようになると、孝純は多くの大黒天を求めに応じて描いている。それから、長栄寺の住持替の時の、寺の宝物改めの立会いに岩松氏が参加するようになったのも、孝純の時代の宝暦九年（一七五九）からである。

なお、孝純は父富純と共に、新田義重の古廟の調査を行っている、元文三年（一七三八）に新田金山の東北の麓にある石棺や周辺の古廟古碑を調査し、翌四年に高崎城内の興禅寺、片岡郡寺尾の永福寺、茶磨山古城跡も調べている。

さて、猫絵が描かれたり、狐憑封じのための草履が下付されるようになるのは、義寄の頃からである。疫神除の発行も、義寄が赤城入湯の際に勢多郡真壁村の足を痛がる者に対してまじないをして直したことから始まっている。この一件から殿様の除札の効能が勢多郡の農民に評判となり、以後勢多郡の村々からの依頼が増加したことは先に触れた。

しかし、猫絵が大量に描かれるようになったのは、一七九〇年代の徳純の時代からである。文化一〇年（一八一三）の九月から一〇月までの信州道中では、沿道の役人クラスの町人・百姓から絵を所望され、一ヵ月間に三〇七枚を描いている。墨画・猫絵・鐘馗・福禄寿等の絵を所望され、猫絵を九六枚、鐘馗の絵を三一枚描いている。これらの絵は、一八世紀末頃から養蚕生糸の経済活動の盛んな上州・信州・武州などの地域の養蚕農民からの要望で広く普及していった。また、徳純は年中行事を再編し、由緒の者のために新しい儀礼を創出していったのである。

ところで、日照りの際に領内の寺社に雨乞祈禱を命じた川越藩の事例や、疫病退散の祈禱を寺社に命じお札を領内に配布した弘前藩の事例（菊池勇夫『飢饉の社会史』）からもわかるように、領主は領民の安穏を祈願する責務をもち、そのために寺社に祈禱を命じている。岩松氏の事例の特殊性は、雨乞では寺社に祈禱を命じているが、本来修験や神主などの宗教者の仕事を岩松の殿様が自分で行っていることである。『武蔵志稿』は新田岩松氏について「義貞朝臣ノ武威地ニ落サルヤ、此家代々力量有リ、食ノ余瘧《よぎやく》ヲ落シ、草鞋《わらじ》ニハ狐狸《こり》怖レ、面拝《めんぱい》ニハ狂人気ヲ正フス」（『新編埼玉県史資料編一〇』）と記している。『武蔵志稿』は享和二年（一八〇二）以前の作とされるので、温純（義寄）の時代のことを記しているのであろう。一八世紀末頃の武蔵国において、岩松の殿様の下付する食物は熱病を下げ、草鞋は狐や狸の霊が怖れ、殿様の顔を面拝すると狂人の気が直る効能があると信じられていたが、さらに、幕末の俊純の時代には疱瘡封じのまじないとして小児を踏むという呪術を行うようになる。御霊信仰に基づく鼠除、疱瘡除、疫神除、狐憑封じの現世利益の信仰を岩松氏は猫絵・除札を通して再編していったのである。地域社会におけるこのような信仰の下地の上に、幕末期の俊純は民衆の疫神除の要求をくみ取り、大量の除札を発行したのである。疱瘡除のまじないや面拝を演じる岩松の殿様は、接触による病気の治癒、雨乞などの天候の調節を行う「呪術師」の役割を果たしている。この点が一般の領主に見られない特殊性であろう。

フレイザー『金枝篇』は、王の接触による病気の治癒について次の事例を紹介している。英国王にまつわるこの種の信仰の最後の遺物は、おそらく王の接触によって瘰癧《るいれき》を癒すことができるという考えであろう。そのためにこの病気は「王の病気」（King's Evil）という名で知られている。エリザベス女王は、しばしばこの癒しの奇蹟の賜物を与えた。一六三三年の夏至の日、チャールズ一世はホーリィー・ルードの王室礼拝堂で、百人の患者をただのひと触りで癒してやった。しかし、この行為が最高潮に達したのは、その子チャールズ二世の治世であった。チャールズ二世はその統治の期間中に、約十万の瘰癧患者を癒したという。

もちろん、フレイザー『金枝篇』のなかの未開社会における呪術師としての王と日本の近世社会における領主とを同一視することはできない。また、マルク・ブロックが指摘したように、瘰癧を癒すというヨーロッパの王の奇蹟に対する信仰の背後にある政治的動機を考える必要があるが、ここでは第一章で指摘した領主の勧農機能と関連させて考えたい。百姓の五穀豊饒の願いを実現するために、寺社に雨乞の祈禱を依頼したり、百姓の信仰する神仏を祭祀することは、領主の勧農、年貢収納と不可分な領主の統治者としての責務であった。岩松氏の祭祀や勧農は、村の祭礼や農耕儀礼をふまえた百姓の心意統治のために機能したのである。俊純は知行所の百姓に対して疫神除の札を配布しているが、それは領内の安寧の維持、百姓の心意統治のために必要不可欠なものであった。

疱瘡封じのまじないとして小児を踏むという呪術、草鞋にある狐憑封じの効能、殿様の顔を面拝すると狂人の気を直す効能、疫神除札と四足退散の札。猫絵の殿様は民衆の俗信と深く結びつくことによって、領内の安寧を維持し、民心を把握していた。近世社会における領主は、このような百姓の心意統治の装置を用意していたのである。

郵便はがき

料金受取人払郵便

本郷局承認

7058

差出有効期間
2027年1月
31日まで

1 1 3-8 7 9 0

東京都文京区本郷7丁目2番8号

吉川弘文館 行

愛読者カード

本書をお買い上げいただきまして、まことにありがとうございました。このハガキを、小社へのご意見またはご注文にご利用下さい。

お買上**書名**

＊本書に関するご感想、ご批判をお聞かせ下さい。

＊出版を希望するテーマ・執筆者名をお聞かせ下さい。

お買上 書店名	区市町	書店

ご氏名《ふりがな》	年齢　　歳　男・女
〒 □□□-□□□□ ご住所	電話
ご職業	所属学会等
ご購読新聞名	ご購読雑誌名

今後、吉川弘文館の「新刊案内」等をお送りいたします(年に数回を予定)。
ご承諾いただける方は右の□の中に✓をご記入ください。　□

注文書

月　日

書名	定価	部数
	円	部
	円	部
	円	部
	円	部
	円	部

配本は、○印を付けた方法にして下さい。

イ. 下記書店へ配本して下さい。
(直接書店にお渡し下さい)

(書店・取次帖合印)

書店様へ=書店帖合印を捺印下さい。

ロ. 直接送本して下さい。

代金(書籍代+送料・代引手数料)は、お届けの際に現品と引換えにお支払下さい。送料・代引手数料は、1回のお届けごとに500円です(いずれも税込)。

＊お急ぎのご注文には電話、FAXをご利用ください。
電話03−3813−9151(代)
FAX 03−3812−3544

四　貴種の血筋と権威

1　由緒・出入りの人々

由緒の者

「由緒の者」は、金山《かなやま》以来（中世以来）の岩松氏の旧臣の系譜を引くと言われる人々で、新田郡の世良田村・尾嶋町・太田町の村役人・町役人クラスの者が多い。「由緒の者」は、岩松氏の年始・五節句・八朔等の年中行事や宮参り・婚姻・葬式等の通過儀礼に登場する。文化九年（一八一二）より、正月二三日から二五日までの「御家来筋並びに御由緒の者年頭御礼」の儀礼が、新たに制度化されたが、この儀礼の設置は、岩松氏が「由緒の者」を年中行事のなかに新たに位置づけようとしたことを示している。これにより、岩松氏より「由緒の者」に対しては中黒の「御紋付御上下《かみしも》」が付与され、由緒の者は、岩松氏の江戸出府の際にお供をしたり、通過儀礼に参加していた。文化八年一月一五日の左男寿丸（道純）の岩松八幡宮での一五歳の元服式では、「左男寿丸十五才につき、古例の通り岩松八幡宮御神前において元服さす、供は本供につき由緒の者中黒紋付上下差遣し候者どもへ、左の通り廻状もって申し付ける」〔一三二〕、と由緒の者や中黒紋付の上下を下付した者にお供を命じている。

由緒の者のような戦国時代からの系譜を引く「旧臣」の存在は、荒川善夫・泉正人の研究によって壬生《みぶ》氏・宇都宮《うつのみや》氏・小山《おやま》氏など北関東の他の地域でも普遍的に存在していたことが明らかにされている。それによれば、小山氏と旧臣との関係は近世社会に入っても続き、一八世紀後半から活発化していく。旧主からの旧臣証明によって現在の領主に対して自己の由緒を誇示したのである。壬生氏の場合も、一八世紀末頃から壬生氏の旧臣たちが同族団の再編と地域における自己の社会的地位を権威づけるために、地域的な伝統的権威である壬生氏との関係を強調したり、上下着用の願いを壬生官務家を通じて提出し、個別領主の許可を得ようとしている。壬生氏の年中行事や通過儀礼に加わることによって、旧臣であることを再確認しているのである。

岩松氏の場合も、由緒の者は岩松氏の江戸出府の際にお供をしたり、通過儀礼に参加して岩松氏の「旧臣」としての意識を保持していた。岩松氏は一五世紀末に家臣の横瀬氏（由良氏）によって戦国大名としての権力を実質上剝奪され、一六世紀には領主と「旧臣」との関係は形骸化していたが、近隣の村役人を除いて、由緒の者は一八世紀後半から新たな関係を形成していくのである。

出入りの者

また、岩松氏と出入りの関係を結んだ人々を「出入りの者」と呼んでいる。史料(1)は甲斐国の百姓の出入り願いである。

(1)　出入り願い

差し上げたてまつる御請け合い一札の事

一　甲斐国八代郡常葉村林金五郎様御支配所百姓久蔵、たしか成る者につき私年来懇意仕り候、このたび御館《おやかた》御出入の儀願い上げたてまつり候ところ、願の通り　御聞済《ききずみ》の上御出入仰せつけられ有がたき仕合せに存じたてまつり候、しかる上は当人身分の儀につき、何様の儀ござ候とも、私引き請け　御館御名前拘わらざる様取り計い申すべく候、後日のため御請合差上げたてまつり候所、よってくだんのごとし

文政七甲申年七月一九日

甲州八代郡常葉村
当　人　久蔵（印）
尾嶋町
請合人　栄蔵（印）

岩松満次郎様
御役人中様

甲斐国八代郡常葉村《ときわ》（現山梨県身延町）百姓久蔵は、文政七年（一八二四）七月一九日に尾嶋町の京屋栄蔵を「請合人」として出入り願を提出している。この時、久蔵は「殿様へ金三両、御奥様へ金弐

百疋、御樽代金百疋、御子様方へ金弐百疋、若殿様へ金弐百疋、御家来中へ壱両也」〔二七三〕合計五両三分を献金し、鉄砲の間において殿様へのお目見えが行われ、酒と料理が振舞われている。

出入り願いは、一般には「由緒の者」「出入の者」の仲介を通じて行われるので、村役人・豪農相互の連携が出入りの者の増加をもたらした。

天保九年（一八三八）に岩松氏の財政窮乏を見かねて、「由緒」「出入」の者たちが、無利息で金を積み立て、二三五両三分二朱を集め、その利息金を江戸参府入用金にあてているが、出資した出入りの者は、上野国が一五二人、武蔵国が八〇人、下野国が二七人、越後国・信濃国・常陸国・上総国各一人で、合計二六三人にのぼっている。上野国では、新田郡八六人、利根郡四二人が特に多く、出入りの者の構成に比例している。岩松氏の財政を援助する体制が上野国・武蔵国・下野国の規模で成立し、村役人・豪農相互の「ネットワーク」によってでき上がっていることは特筆すべきことである。

表8に示したように、岩松氏への出入りの者は、上野国が四七三人、武蔵国が一六二人、下野国が七七人、奥羽国が四六人と分布し、関八州だけでなく広く東北・甲信越の東日本の各地にまたがっており、幕末期には八〇〇人以上に及んでいる。弘化四年（一八四七）の「御出入名面控」〔四〇一〕には五一一人の名前が記載されているので、それ以降の二〇年間に出入りの者が新たに三〇〇人も増加していることになる。

出入りの者の構成は、第一に村役人クラスの地域社会の有力者であり、人数も圧倒的に多い。上野国佐位郡嶋村の田嶋善兵衛一家は五八軒（幕末期には四八軒で一〇軒は潰家）、山田郡広沢村毒嶋《ぶすじま》一家は一六軒、武蔵国榛沢郡岡村の田嶋吉右衛門一家は一一軒と同族団のまとまりで出入り関係を結んでいる。

第二に、「畳屋」「屋根屋」「建具屋」「左官」「大工」「研師《とぎし》」「経師《きょうじ》」「桶屋」「弓師」「瓦師」「石工《いしく》」

表8　由緒出入の者の分布

国名	郡名	人数	国名	郡名	人数	国名	人数
上野	新田	201	武蔵	幡羅	38	常陸	11
	利根	47		埼玉	29	上総	4
	邑楽	31		入間	12	下総	16
	山田	30		秩父	10	信濃	17
	勢多	22		高麗	5	甲斐	3
	佐位	62		大里	5	越後	9
	吾妻	16		足立	10	奥羽	46
	群馬	35		比企	11	伊豆	2
	那波	10		榛沢	19	三河	2
	緑埜	3		児玉	5	飛騨	1
	碓氷	6		男衾	2	近江	1
	甘楽	9		賀美	4	因幡	1
	不明	1		荏原	1	不明	1
小計		473		都築	2	小計	114
				多摩	1		
下野	安蘇	22		那賀	2		
	足利	19		葛飾	1		
	都賀	21		江戸	5		
	梁田	6		小計	162		
	那須	3					
	芳賀	4					
	河内	2					
小計		77					
合　計　826							

注　「弘化四年　御出入名面控」〔401〕
「嘉永五子年五月　御由緒幷御出入之者名前控」〔424〕
「嘉永七寅年十月　御由緒幷近郷御出入之者本帳より書抜帳」〔441〕
「安政二年八月　御出入之者名面帳」〔458〕
「安政三年辰七月　御出入連名控帳」〔472〕
「文久元辛酉九月吉日　御由緒御出入之者名前控帳」〔565〕より作成

「灰屋」「木挽《こびき》」等の職人や「医師」である。

第三に、寺社である。新田郡内の太田宿大光院・徳川村満徳寺・世良田村普門寺など二〇ヵ寺ほどある。

出入りの者の特権

史料(2)の事例は、出入りの者に対して菊の紋の提灯と五三桐の紋の使用が許可されているものである。

(2)　紋付提灯と家紋の使用の許可状

武士村
藤五郎へ

こんぱん御自分屋敷稲荷へ広前へ菊の紋提灯壱張り奉納致され候、よって添書くだんのごとし

辰七月

御名
関根高之助
元則（花押）

右書附被下候

藤五郎殿

武州川越在峯村

太左衛門へ

五三桐の紋差し許され候間、勝手次第相用い申さるべく候、そのためよってくだんのごとし

辰七月

御名
畑織之輔
無印

右書附被下候

太左衛門殿

右の史料では、岩松氏より出入りの者に対して、家紋（中黒・五三実桐・一六葉裏菊）の提灯、弓張提灯等が与えられ、家紋の使用が許可されている。このような事例は岩松氏だけでなく、交代寄合松平太郎左衛門にも見られる。上野国群馬郡渋川村入沢宇左衛門と金井村（群馬県渋川市）勝田三太夫は三河国松平の交代寄合松平太郎左衛門の出入りの者であったが、文政元年（一八一八）五月に松平氏から「御家紋の提灯並びに絵蒔とも二品」（『渋川市誌第五巻　歴史資料編』）を下付されている。家紋附の提灯は、主人の用向以外の私用は禁じられ、岩松や松平のような名家の家紋入の提灯は重宝がられていた。

安政三年（一八五六）九月二日に尾嶋町油屋友次郎の倅万右衛門が、富士講登山途中の休泊所の札に中黒紋の使用を願い出た。俊純は「中黒の義は迷惑のよし相断り、菊紋差し遣し候、申聞候所承知にて今日来」（四七四）と、中黒紋の使用を断わり一六葉裏菊の紋の使用を許可した。岩松家にとっ

ては、一六葉裏菊紋より中黒紋の方が格式が高いことになる。
また、出入りの者は武家の棟梁である源氏の流れをくむ新田岩松氏と出入り関係を結ぶことによって、自らの社会的名誉や地位を高めようとした。飛脚札は「新田様の公用荷物」と唱えて、商人たちが街道の荷物輸送を優先するために使用されたと思われる。公用荷物の場合、民間の荷物よりも運賃が安く、運搬日数も短いので、新田の飛脚札は物資を扱う商人にとっては重宝なものとして利用されていた。洋学者の渡辺崋山は、上州に立ち寄った時の紀行文である「毛武游記」(『崋山全集』第二巻)のなかで、新田岩松氏について次のように記している。

仙台へゆきて馬買ひ、新田との御用といふ札立てゆきかひするなり、こは馬買ふ人ひとりにて二疋も三疋も牽きて帰ればこれはゆききの人のさまたげにもなれば夜のみ旅行せるなり、これは伯楽のならわしなるをこの人は新田どのの用といへるままにひるもおおやけに引もてありき満心のままなるも新田どのの御かけなめり

「新田殿御用」の札を立てることは、馬を牽いて来る上で博労《ばくろう》にとって大きな利点があることがわかる。奥州桑折の蚕種商人次兵衛が宝暦一三年(一七六三)に岩松孝純に対して「道中駄賃帳荷札荷印添触」を要望したのも、「新田殿」の「荷札荷印添触」の効果によるものと考えられる。さらに、次兵衛は明和三年(一七六六)に秩父地方の商売をする際に、「桑折の次兵衛秩父へ始て商に行くにつき、兼て当方出入の者どもへの添状頼くれ候へと頼むにつき、清記方より長沢の村田藤右衛門、黒

田の万光寺と桜沢の柏沢嘉七藤五郎方へ書状差越す」〔一一三〕、と岩松氏に対してこの地方での出入りの者の紹介を依頼し、出入りの者を通じて秩父での蚕種販売の経済活動を行っている。

出入りの者と荷物運搬の問題を象徴するのが、文政一〇年（一八二七）九月の甲斐国山梨郡栗原中村武上壮八郎の葡萄《ぶどう》荷一件である。甲州の出入り者で剣術指南の堀越勘助の門弟武上壮八郎は、勘助の紹介で岩松氏と出入り関係を結び、葡萄荷三駄を新田様「御荷物」として、岩松の江戸旅宿である江戸神田須田町二丁目家主岩城屋幸右衛門へ送ろうとした。これに対して、勝沼宿問屋が異論を唱え、道中奉行石川主水正《もんどのかみ》へ出訴したので問題となったのである。壮八郎は、道中奉行の取調べに対して岩松の「家来」を主張したので、道中奉行は岩松道純に問い合わせた。その問合せに対して道純は出入りの者であることを認めたが、家来として召し抱えたことはないと答え、さらに、家来の小幡隼之助の名前で「人馬帳」を渡し、江戸に着いたらすぐに帳面を返却するように申しつけたが、まだ返却されていないと述べている。壮八郎は武家奉公したいと八代郡柏尾村にいる親の源右衛門へ申し出て、人別を除けたが武家奉公しなかったため戸籍上「無宿」となり、そして岩松氏の出入りの者となって、「苗字を名乗、刀脇差をも帯し歩行」〔三〇〇〕していたのである。そして、葡萄荷物三駄を岩松の旅宿の岩城屋へ継ぎ立てるために先触を出し、甲州道中の宿々へ御定賃銭で継ぎ立てたのである。結局、壮八郎は岩瀬伊予守・石川主水正より「刀脇差取上、軽《けい》追放」を申しつけられた。

この一件から、出入りの者が新田の「御荷物」と称して「御定賃銭」の安い運賃で荷物を運送できる特権を利用していたことを知ることができるのである。

そして、幕末になると関東だけでなく、各地から飛脚札を求めてくるようになる。たとえば、安政二年（一八五五）五月二七日の信州の中河原村《なかがわら》（現長野県茅野市）与兵衛は出入りの願いのために、下田嶋の屋敷へやって来た。

信州矢五郎来る、いとこのよしにて同州中河原村百姓にて、領主諏訪家より名字帯刀免許のよしにて与兵衛と申す者、立入願たきよしにて同道来る、願の通り立入申し付け、祝物として予へ金三両、御母様へ壱分弐朱、小児どもへ百匹、家来どもへ三分差し出す、例の通り取り計い書付相渡し酒遣す、右両人より飛脚札貰いたき由願出、右は先来中織之輔へ頼み置き候よしにて、是非とも相成るべき旨このたび貰いたきよし相願候につき、弐枚相渡し遣す、挨拶として与兵衛より百匹差し出す、今日出発帰国致し候よしなり、右につき願にはこれなく候えども、御関所手形相渡し遣す（御関所は横川也）〔四五〇〕

このように、信州の中河原村与兵衛は領主の諏訪氏より苗字帯刀の特権を獲得し、岩松氏への出入りを願い、飛脚札と横川の関所手形も貰い受けている。

近年の飛脚の研究によれば、享保一四年（一七二九）八月、島屋佐七が伊勢崎に飛脚問屋を開き、宝暦元年（一七五一）には上州より三都に通ずる飛脚便が開かれ、伊勢崎・高崎・本庄・藤岡・富岡に中継所が置かれたという。三都飛脚問屋が藤岡・高崎・伊勢崎・前橋・桐生・大間々の六ヵ所に取次所を設け、三都に有期定便を発するシステムが確立したのは安永二年（一七七三）である。生糸と織物業の発展が安永期になると通信の面でもしっかりと上州と三都を結びつけている。享保九年（一七二四）に上州屋伝左衛門が福島に飛脚問屋を開き、その後同店は島屋の支店となり、延享三年（一七四六）島屋は福島・京都間の荷為替を開設、福島・江戸間に島屋が定期飛脚をつくるのが宝暦二年（一七五二）三月、同一三年には仙台肴町に飛脚問屋を開店する。安永二年（一七七三）に上州と同様に、島屋を含めた三都飛脚問屋は、宇都宮・喜連川・白川・郡山・二本松・福島・桑折・仙台に取次所を設け、有期定便体制を確立している。飛脚札の依頼の背景には、一八世紀中頃に奥州―上州―秩父・信州とを結ぶ養蚕生糸の広域の経済活動と飛脚問屋を通した情報ネットワークがあることを忘れてはならない。

出入りの者の編成

岩松氏が出入りの者を編成し始めるのは一八世紀中頃である。「家君富純御年譜」によれば、享保六年（一七二一）一月一〇日に奥州白川郡棚倉領植田村百姓江田善左衛門・同三郎右衛門が、「古来新田家由緒」を理由に下田嶋の屋敷を尋ねるが、この頃から出入りを出願する動きが見られるようになる。また、寛保三年（一七四三）閏四月一〇日には、新田郡金井村の金井勘兵衛親子が目見願いで訪れ、子供の門右衛門は初めてお目見えを行い、殿様から扇子二本を拝領している。

孝純は寛保四年五月五日の節句の儀礼の際に、「古名主弥右衛門呼び、貞享年中の頃出入の者の事、その時分の日記をもって尋る」〔八七〕、と貞享の頃の出入りの者に関して尋ねている。この年の四月一八日に、「源家の系図持参」してきた堀口村の岡春永に対して、「牛沢に金井名字の者先年これあり、出入近年中絶す、その故を問い遣す」〔八七〕、と牛沢村の金井姓の者の出入りの中絶を尋ねている。一八世紀の中頃の時点で、一七世紀末の出入り関係を調査していることから、出入り関係が一度途絶えた家があったようである。

次に、一九世紀初頃に「御当家御一族筋の家柄」と格式の高い家と位置づけられている田嶋・里見・毒嶋の三家の場合を見てみよう。武蔵国榛沢郡岡村の田嶋一家の場合、延享四年（一七四七）一一月二二日に田嶋吉右衛門・弥助・新助が初めてお目見えのために下田嶋の屋敷を訪れている。また、武蔵国幡羅郡台村の里見一家の場合、当初田口姓を名乗っていたが、宝暦一一年（一七六一）八月二九日に「先祖書持参」し、翌年二月二九日には「里見」に名字を改め、閏四月六日に「里見系図」を持参している。

上野国山田郡広沢村毒嶋《ぶすじま》家の場合も、天明五年（一七八五）一月一一日の日記に初めて登場し、二月九日に「系図下書」を持参し、四月五日に「系図由緒古実改考の事」で逗留し、五月三日に「由緒分地の事跡」を尋ね、八月七日に「毒嶋の家系の事」で来ている。毒嶋家の岩松氏への出入りは、自家の系図由緒の作成が目的であったのである。田嶋・里見・毒嶋の三家は、一九世紀初頃に儀礼のなかで「御当家御一族筋の家柄」と位置づけられるが、ともに一八世紀中頃から「由緒の者」として認められた家ばかりである。

下野国梁田郡借宿《かりやど》村前田芳蔵は、嘉永六年（一八五三）に出入りを出願する。その際、岩松氏が金山在城のときには前田谷に居住し、「拾六騎」であったことを由緒の理由にしている。

(3)　借宿村（現栃木県足利市）前田芳蔵の出入り願い

一　野州梁田郡借宿村前田芳蔵、こんぱん御願い上げ候儀は、私先祖は前田仁左衛門と申す、金山御在城の節前田谷と申す所に住居罷り在り、拾六騎にござ候よし段々聞伝えにござ候、当代迄拾一代に相成り候、しかるところこのたび小幡隼之輔様足利表へ御住居遊ばされ候よし承りに及び候につき、御尋ね申し右始終御咄し申し上げ候所、隼之輔様　御主君様へ右の段執り成し、御出入に成し下され候様申し候につき、このたび右の段御願い上げたてまつり候、なにとぞ早速御聞済の上、御出入仰せ付けられ成し下され候はば、有りがたき仕合せに存じたてまつり候、以上

借宿村願人

芳　蔵（印）

寅　蔵（印）

喜兵衛（印）

庄右衛門（印）

新五右衛門（印）
沢次郎（印）
源五郎（印）

岩松満次郎様

本家は先祖前田仁左衛門以来芳蔵までの一一代の当主の名前と戒名を記し、分家のうち三右衛門と庄右衛門の家は歴代の当主の名前と戒名を記している。三左衛門・惣左衛門・源五郎の分家は、名前のみで戒名は記されていない。前田家の本分関係を明らかにし、同家にあった具足一式・鑓《やり》・打物・差物などの武具四品を書き上げている。しかしながら、このうち二品は明和元年（一七六四）に紛失し、残りの二品は「代々聞伝へ」の武具であったという。これに対し岩松道純から証状が発給されている。

ほかに、奥羽国伊達郡森山村（現福島県国見町）の佐久間一家は、古来の書物は所持していないが、先祖与右衛門が「金井坂以来三十六騎の大将の家柄」であることを主張し、岩松氏の由緒の者となっている。そして、新田家の旧臣であることが「由緒も正鋪《ただしく》」とされ、領主よりの帯刀を許されている。このような特権を得るために、新田岩松氏の権威を利用していたのである。また、安政二年（一八五五）一二月二四日に、出雲国飯石《いいし》郡浦富《うらどめ》村（現鳥取県岩美町）新田与兵衛も系図を持参し、与兵衛の家筋が「新田家分流」であることを唱えている。

このように岩松氏の旧臣であるか、あるいは新田の「分流」の家であることが由緒の者の必要条件であるが、それを証明する古来の書物がなくても、岩松氏の側では旧臣の証状を発給していた。岩松氏は一五世紀末に家臣の横瀬氏（由良氏）によって戦国大名としての権力を剝奪され、一六世紀には領主と「旧臣」との関係は形式的なものであったが、岩松氏の「旧臣」と称したい人々の由緒を受け入れ証状を発給したのである。

では、一八世紀後半から「旧臣」と称する由緒の者が増加するのはなぜだろうか。それは、一八世紀中頃以降、村役人クラスの系図の作成の動きがあり、新田岩松氏とのつながりを必要とする事情があったと考えられる。この問題を解くカギの一つは、近世百姓の帯刀御免の問題であろう。藤木久志によれば、「郷士筋目」の家柄の者には、神社の神事の際に限って帯刀することが認められたという。村内の身分と用途を限っての登録・免許制の強化である。近世村落の百姓のなかには、侍の筋目や由緒によって帯刀を免許された階層が一定の構成比を占めていたと考えられる。

そこから、帯刀御免の特権を得るために、「郷士筋目」の家柄を唱え、由緒と系図を新たに作成する必要が生じてきた。一部の人々は新田岩松家との由緒あるいは「分流」を唱え、森山村の佐久間家のように帯刀御免の特権を獲得した者もいた。新田岩松氏の血筋は、新井白石が指摘するように「我岩松ノ家ハ正シク新田ノ嫡流ヲ受ルノミナラズ、足利ノ血統ヲ兼」、「新田ノ一族義貞ノ流ハ既ニ衰ヘヌ、コレニツキテハ岩松又其正統」（新井白石「岩松家系附録序説」）、と源氏の流れを汲み、新田家の正統であるという血筋の良さが権威の源泉となっている。

先述のように、新田岩松氏は、幕府に対しては岩松氏を公称としていたが、絵画や染筆の石造物に記された殿様の名前を見ると、「新田嫡流源道純」「新田義貞裔《えい》源道純」「新田義貞嫡宗《ちゃくそう》源俊純」「清和類子新田嫡宗源俊純」などと記している。人々も、武家の棟梁である源氏の流れを汲み、「源」「新田嫡流」「新田義貞」の姓を名乗る新田氏の「貴種性」を求めていた。そして、幕末の道純・俊純の時代になると、新田氏の血筋の正統性を継承していくとともに、「新田義貞裔」「新田義貞嫡宗」を前面に出すようになり、南朝の「忠臣」新田義貞の子孫として天皇権威に結びつく可能性を持つようになるのであった。

2　武家屋敷への駆込み

離縁のための駆込み

近世社会においては、様々な訴願は村役人を通じて領主へ届け出ることが正式の手続きであるが、一八世紀後半より他領の人々が下田嶋の岩松屋敷へ駆込みを行う例がでてくる。自分の帰属する領主を超えて、離縁や駆落ち、連れ出し嫁盗み・勘当などの問題について新田岩松の「御威光」による解決を求めて来たのである。本来支配違いの訴訟の受理は認められていないにもかかわらず、岩松の権威によって社会的に黙認されていたのである。

上野国では、近世の庶民の離婚のためのアジールの場として、縁切寺満徳寺が存在していた。最初は妻が寺へ駆込んだあと、在寺三年と引き換えに寺法を発動して夫から離縁状を強制的に差し出させる寺法離縁が多かったが、のちに寺の仲介・説得によって当事者双方が示談で離縁を成立させ、妻は正式には寺入りせず、直ちに親元へ引き取られる内済離縁が増加してくる。満徳寺の場合、寺法が整備されていくなかで、在寺期間が三年から二五ヵ月に短縮され、内済離縁の増加によって家庭裁判所のような調停機関としての性格が強くなった。また、上州では、満徳寺以外の縁切り駆込みの場として、男僧の寺院・修験寺・関所（碓氷《うすい》）・代官所（岩鼻）・武家屋敷（前橋藩・沼田藩など）・陣屋（小幡藩）・町村役人宅などがあった（高木侃『縁切寺満徳寺の研究』）。

岩松の屋敷もこのような駆込みの場の一つであった。付表6に示したように、宝暦一一年（一七六一）から慶応四年（一八六八）までの一〇七年間に、岩松氏の屋敷に駆込みした事例は八七件に及んでいる。文政八年（一八二五）から嘉永二年（一八四九）の二四年間にわたる道純の時代の日記がのこっていないが、一七六〇年代が二件、八〇年代が五件、九〇年代が九件、一八〇〇年代が五件、一八五〇年代が三五件、六〇年代が三一件となっており、特に、俊純の代の幕末期に集中している。国別では、上野国が四三件、下野国が二〇件、武蔵国が一〇件である。駆込みの理由は、離縁が四六件と一番多く、様々な理由での駆込みが一七件、駆落ちが八件、連れ出し・嫁盗みが五件、伜の勘当が二件となっている。

(4) 差し上げたてまつる書附の事

一 私姪あさと申し候者、去る丑年中当国邑楽郡北大嶋村百姓文五郎と申し候者へ縁付罷り在り候ところ、右文五郎儀至て身上よろしからざる者にて相整わざるにつき、こんぱん当御許《おもと》様へ欠込み離別に相成り候様御取扱の儀願い上げたてまつり候ところ、右様の御取扱御迷惑に思召めされ早速立戻り、右世話人をもって済み方致すべき旨再三御利解仰せ聞され候えども、強て歎願たてまつり候につき、おんよんどころなく御留め置きなされ、御役人をもって右北大嶋村へ御掛け合い成し下され候ところ、当人願の通り済み方離別に相成る、誠にもって有りがたき仕合せに存じたてまつり候、右につき当人御引き渡し仰せ付けられ候につき、今日引き取りとして罷り出候間、なにとぞ御下げ成し下され候様願い上げたてまつり候ところ、願の通り早速引き取り仰せ付けられ、たしかに請け取りたてまつり候、これにより以来何様《なによう》の儀出来仕り候とも、私共引き請けいささかも 御屋鋪様の御名面に相拘り候様成る義決て仕らず候、これにより引き取り一札差し上げたてまつり候ところ、よってくだんのごとし

上州邑楽郡館林町

安政二卯年五月　引請人　政兵衛（印）

同国館林領羽附村

岩松満次郎様内
　御役人中様
宗　蔵（印）

この駆込みは安政二年（一八五五）の事例である。岩松の屋敷に駆込んできた者を、屋敷の側では「迷惑」として立ち戻るように再三諭すが、それでも強く歎願する者に対しては屋敷に「留置」する処置を取る。そして、家臣を夫側の親類組合へ派遣し、殿様の御威光によって内済離縁が成立する。その際、親類組合側に、支配違いの訴え受理が幕府に知れ、咎を受けることを極度に警戒する岩松氏の「御名面」に障るようなことは決してしないことを確約させている。高木侃は岩松屋敷への駆込みについて、安政二年の時点で内済離縁証文の書式が統一されていたことは、かなり以前から縁切り駆込みに対応する手続きが岩松家側に存在していたことを示すと指摘している。

岩松氏の屋敷への駆込みの最初の事例は、宝暦一一年（一七六一）一月一〇日の前橋藩領勢多郡女淵村の女性の駆込みである。彼女は、夫と一緒になるために親元を離れ、勢多郡下の沖村実惣寺の世話になり匿われていたが、夫が打擲《ちょうちゃく》するのでそこを逃れる。そして、木崎町の江戸屋清兵衛という知人の元に行くが、この家も夫の味方で実惣寺へ引き渡そうとするので、そこを抜け出し岩松屋敷へ「何卒かくまいくれ候様にひたすら願」（一〇二）ったのである。しかし、この時は、家臣の宗兵衛の説得で女を帰らせている。この宝暦一一年（一七六一）と明和元年（一七六四）の初期の二つの事例は、駆込んでも取り合わないですぐに帰しているのである（付表6―事例1・2参照）。

次に、出入りの者から依頼されて、離縁する女性を預かる事例もある。その最初の事例は、天明四年（一七八四）八月二七日に新田郡赤堀村の中嶋右源太の妹の久を預かった時である。中嶋左金次方へ嫁いだ妹久の離婚のために、屋敷で預かってくれるよう右源太に依頼され、二九日に彼が久を連れて来たというものである。なお、久は翌年再婚のため、江戸へ出府している（事例3参照）。このように岩松氏が出入りの者の関係者の女性を預かるのは、天明年間の一七八〇年代からである。

また、寛政六年（一七九四）七月五日の場合は、「長岡村新右衛門娘、久しく毒嶋官方にすけ居る女こと云々、村若者どもこの女をぬすみに来ると云々、これゆえ此方《こなた》遣すなり」（一六六）、と長岡村の若者たちによる長右衛門の娘の嫁盗みを防ぐために、娘を預かっていた毒嶋家が岩松氏へ娘を預けている。

駆込みの女性への岩松屋敷の対応は、その親類や村役人に家臣を派遣して屋敷に呼び出し、連れ戻させるというものであった。家臣を派遣する最初の事例は、天明六年（一七八六）からである。二月二七日の男女の駆落ちの時、女の親元の緑埜郡白塩村へ家臣の金井三次を派遣し、その親と兄が迎えに来ている（事例5参照）。また、下野国足利郡田嶋村の駆込み女の時も、親元へ家臣の猪軍太を派遣し、女の親を迎えに来させた（事例6参照）。道純の時代の嘉永年間まで、岩松屋敷の対応は、駆込み女を連れ戻させることを原則としており、直接に離縁の斡旋をした事例は一件もない。

しかし、道純の時代の日記がないため一九世紀の初め頃が不明であるが、幕末になると岩松屋敷が離縁の斡旋を行う例が出てくる。その最初の事例は、安政元年（一八五四）七月九日の下野国安蘇郡船津川村百姓茂八の妻すみ一件である。その際、家臣の広瀬啓之助が船津川村へ派遣され、書付とすみ方への離縁状を取って帰っている。閏七月二日すみを依頼主の惣蔵へ引渡し、夫方へ趣意金二両、俊純へ金三分、家臣へ金一分が渡されている（事例26参照）。依頼主の上野国邑楽《おうら》郡羽附《はねつく》村惣蔵は、この一件の二年前の嘉永五年（一八五二）閏二月にも、京屋庄五郎を通じて縁切り願いの世話をしているが、この時は女は親類に引き取られる結果となっている（事例24参照）。その意味で、岩松屋敷が離縁の斡旋をするようになったのは、羽附村（館林市）惣蔵の強い働きかけによるものと考えられる。

この一件直後の下野国安蘇郡赤見村の一件（事例27参照）では、家臣の啓之助とともに惣蔵が同道して内済離縁を成立させている。惣蔵が関与しているものだけでも七件、世良田の忠兵衛も四件関与している。このような出入りの者の強い依頼によって、離縁の斡旋を行う件数が増加していったのである。

だが、人々が駆込んできた場所は岩松屋敷だけではなく、家臣や世良田・尾嶋の町人方への駆込みの事例も一二件ある。以下、いくつかを紹介しよう。たとえば、天明六年（一七八六）五月の下野国足利郡田嶋村女子の場合は、離縁のために家臣の猪軍太宅へ駆込んでいる。この件については、猪軍太を女の在所へ派遣し、親の組の者へ引き渡している（事例6参照）。寛政一二年（一八〇〇）八月の場合は、屋敷奉公を願うために尾嶋の四郎左衛門宅に女が駆込み、親が娘を引渡してくれるようにと来たが断わり帰している（事例17参照）。安政四年（一八五七）二月の上野国那波郡玉村宿三代蔵の妻ますの場合には、世良田の忠兵衛を通じて屋敷に離縁の斡旋願いが出されている。そこで、忠兵衛と家臣の啓之助を玉村宿の三代蔵へ派遣し、離縁の掛合いを行い、女より離縁金を出すことで内済が成立している（事例40参照）。安政二年（一八五五）六月の上野国新田郡内嶋村銀兵衛の娘きさの場合は、「亭主よろしからず家内不熟」を理由に家を逃げだし、尾嶋の勘右衛門宅へ駆込み、勘右衛門の妻と一緒に岩松屋敷へ来て預けられている。このときは、家臣を内嶋村銀兵衛のもとへ派遣し、きさを親の銀兵衛方へ引き取らせている（事例29参照）。

また、岩松屋敷へ駆込んで来た者を家臣の屋敷や名主方に預ける事例が三つある。寛政一〇年（一七九八）七月の下野国梁田郡和泉村市右衛門の妻いなの場合には、離縁のために岩松屋敷へ駆込んだが、家臣の小幡方へ預けている。そして、同じく家臣の亀岡伊兵衛を和泉村へ派遣し、村役人・親類・五人組・母親を呼び、引き取らせている（事例14参照）。安政元年（一八五四）閏七月下野国安蘇郡赤見村久右衛門の妻たつの場合も、女を尾嶋の京屋へ旅宿させ、広瀬啓之助を赤見村へ派遣し、離縁を成立させて、京屋へ赤見のたつ方より引き取りに来させている（事例27参照）。もう一つは後で述べる上野国新田郡平塚村弥七が中瀬村安兵衛の娘を連れ出した事例である。

なお、屋敷に駆込んだ女性をすぐに縁切り寺の満徳寺へ引渡している事例は、文久元年（一八六一）六月、文久三年（一八六三）一一月、慶応二年（一八六六）五月の三件で、三件とも離縁となっている（事例65・73・85参照）。

また、駆落ちや連れ出しの場合は、駆込みの男女を両親の元に返すのが基本となっていた。次に、その例を見てみよう。安政二年（一八五五）一二月、上野国新田郡平塚村弥七は、中瀬村安兵衛の娘を連れ出し、女と同道で屋敷へ駆込んで来た。そこで、家臣を平塚村名主へ派遣し、引き取るために親類組合を呼んだ。ところが、一件が落着するまで、組合が岩松の屋敷に差し置いてくれるように願い出たので、弥七と女を下田嶋村名主庄蔵へ預けるようにした。その後、内輔を中瀬村へ派遣し、弥七を平塚村へ、女を中瀬村へ引き渡している（事例31参照）。

ただし、安政四年（一八五七）五月二五日の下田嶋村百姓亀吉の場合は、嫁盗みを目的に俊純に対して女を預かってもらうように願い出ているものである。このときは、俊純は家臣を女宅へ派遣し、伯父と親類組合が貰い下げに来るが、女が不承知だったため女を屋敷に匿っている（事例43参照）。また、安政五年一〇月の下野国都賀郡村井村与蔵と上殿村伝兵衛の娘かねの駆落ちの場合は、男女の親へ家臣を派遣して掛け合ったが、女の方の父親が「強情者」で承知しなかったので、女は大いに歎いたが、男方へ貰い受けることができなかったという。この場合は、岩松の家臣は女を男方へ貰い受ける方向で交渉していることがわかる（事例48参照）。

それから、在地での話し合いがまとまらない場合に、屋敷へ駆込み、新田岩松の「御威光」による解決を求めてきた事例がある。元治元年（一八六四）五月の下野国都賀郡牛久村みわの場合もその一つで、卒嶋《そしま》村伝次方へ養女に行ったみわが伝次と口論の末実家に帰り、帰縁する意思もないので、牛久村と卒嶋村の世話人同士が離縁の話し合いをしたが、埒が明かないので岩松屋敷に願い、内済離縁となっている（事例76参照）。このように、在地の親類組合や村役人だけでは解決できない場合にも岩松氏の「御威光」による解決が求められたのである。

しかしながら、岩松氏が斡旋してもすぐに解決できなかった難しい問題もあった。安政四年（一八五七）五月、船津川村（現栃木県佐野市）百姓孫四郎の娘なつが、離縁を目的に屋敷へ駆込んできたので、家臣の啓之助を船津川村へ派遣したがすぐに解決せず、さらに九月頃なつの婿の実家の名主方へ掛け合っても内済が成立しなかった。そこで、一二月になつは羽付村惣蔵と名主の名代に引き渡された。そこで、啓之助から館林代官高松門兵衛に対して依頼し、内々に離縁となるよう働きかけてもらい、内済が成り、なつの離縁が成立したのは翌安政五年四月であった（事例42参照）。離縁の内済成立のために、岩松氏の家臣から館林藩の代官へ働きかけが行われることもあったのである。

また、安政六年六月の武蔵国榛沢郡高畑村藤吉の娘かつの場合、親類三人が来たので家臣の善之進を派遣したが、「似《にせ》」（偽）役人のように思われ、交渉がはかどらず、深谷宿の有力者に仲介に入ってもらい、やっと内済が成立している（事例55参照）。このように、岩松氏からさらに代官や地元の有力者に仲介を求めて内済を成立させている場合もあったのである。

村払いの免除、被召捕人の釈放

近世後期となると、離縁だけでなく様々な問題での解決を岩松氏に直接に依頼する事例が増加してくる。村払いの免除や逮捕者の貰い下げ、退役した名主の復役の願い、助郷《すけごう》役免除の願い、同族団内部の争いの調停、無宿となった伜の帰帳など実に様々な問題を持ち込み、自己の領主を超えて新田岩松の「御威光」による解決を求めて来たのである。

一方、先述のような離縁を目的とした駆入りに対する対応の整備に伴い、離縁問題以外の岩松氏の仲裁活動も権威浮上の過程とともに活発になってきたといえる。そこで、岩松氏の様々な仲裁活動のいくつかをここで取り上げてみよう。

まず、嘉永六年（一八五三）四月一五日には、村払いの処分を受けた上野国邑楽郡岡野村甚左衛門の村払いの免除を館林藩へ斡旋するように依頼されている。

もう一つは被召捕人の釈放の斡旋である。元治元年（一八六四）四月一五日に、「伊勢松事火方へ召捕えられ候につき、右貰い下げくれ候様願出る」（五九七）、と火方盗賊改（江戸市中や近在の放火・盗賊・博奕《ばくち》を取り締まる役職）に召捕らえられた下野国都賀郡沖の嶋村伊勢松の釈放を伊勢松の弟と都賀郡土与村の吉太郎が依頼してきている。これによって、家臣の内輔を下新田村の森村伝十郎方へ派遣し、貰い下げさせてくれるように働きかけたが、結局伊勢松を貰い下げすることはできなかったようである。

次は釈放依頼に関する事例を紹介しよう。万延元年三月、博奕で江戸へ送られ、入牢している庄左衛門の甥を手鎖のままで貰い下げることを岩松俊純は依頼された。そこで、「庄左衛門甥一条、脇屋甲介へ頼み候所、承知にてその筋へ頼みくれ候所、早速埒明当人義は追放か、たたき放に相成り候事に相成り候よしなり、事調庄左衛門は江戸より在所へ帰候よしなり」（五三六）、と俊純は脇屋甲介を通して「その筋」へ頼み、追放か敲放《たたきはな》ちの処分で貰い下げることができた。同様に、同年一〇月、下野国足利郡羽根田村勘次郎が博奕で関東取締出役（関東地方の治安維持強化のため、文化二年に創設された役職。通称、八州廻り）百瀬章蔵の手先の者に召捕えられた時にも、内々に貰い下げてくれるように下野国船津川村久兵衛から依頼され、この時も江戸の脇屋甲介へ働きかけている。そして、この件は、尾嶋宿藤八が八州廻りへ五両を支払うことで、内済が成立している。なお、翌文久元年（一八六一）三月一七日に藤八が釈放依頼に関して、俊純の名前が出そうになり相談に来たときには、俊純は名前を出さないように取り計らうことを要望している。

このような釈放依頼は本来合法的なものではないが、村名主や自己の領主では解決できない問題を岩松氏の権威によって解決を求めたものである。このような岩松の介入に対して、八州廻りの側も警戒心を抱き、犯罪者を屋敷に匿っているという風聞が広まると、立ち寄り先の尾嶋宿藤八方へ風聞の事実を聞きただしたりしている。たとえば、安政三年（一八五六）六月一八日に八州廻りの指図で木崎宿の岡っ引きが藤八方へ来て、甲斐国八代郡の北野呂村仁右衛門らしき者が屋敷に匿われているという風聞を聞いたという事で、もしまだいる場合には門前で召捕えようとしたことがあった。しかし、実際にはそのような者はいないことを俊純は藤八に伝えている。また、二二日にも秩父大宮郷の「悪党」長平が岩松屋敷に匿われているという聞込みがあり、八州廻りの指図で藤八へ内々に聞糺しがあったが、これもそのような者がいないことを藤八に伝えている。さらに、二五日には武蔵国榛沢郡用土村の又兵衛の紹介で、那賀郡猪俣村の富太郎が「悪事」をしたので匿ってくれるように依頼があった時には、八州廻りから内々の問い合せがあったので、俊純は断わっている。

その他、八州廻りから、岩松氏への規制も見られる。万延元年（一八六〇）九月の新田大明神の祭礼の際、八州廻りの百瀬章蔵より神楽《かぐら》のみを許可し、地芝居や操《あやつ》り人形の興行を禁止する旨が伝えられたため、芝居興行をしないことを遵守する旨の請書《うけしょ》を下田嶋村の村役人が八州廻りに差し出している。だが、俊純は家臣を藤八方へ派遣し、百瀬が廻村しないように働きかけ、実際には約束を破って九月二四日より二八日まで芝居を挙行したのである。

名主の帰役と助郷免除の依頼

岩松徳純は旧名主の帰役依頼も行っている。その年代は不明であるが、石川左近将監《さこんしょうげん》が勘定奉行の時期の寛政九年（一七九七）から文化三年（一八〇六）頃までの期間のできごとである。名主役を取り上げられた忍藩領武蔵国埼玉郡南河原村（現埼玉県北埼玉郡南河原村）源蔵の咎の赦免と倅の太郎左衛門の名主への帰役を忍藩に徳純が依頼した。それに対し、忍藩の役人からの返事は、源蔵の咎は赦免とするものの、名主の帰役についてはすぐにはできないとして、現在の名主が老衰して隠居になった「跡役」に申しつけるとのことであった。なお、忍藩よりの書状を岩松氏に連絡する役割を果たしていた南河原村の名主太郎左衛門は出入りの者であった。

文久三年（一八六三）一〇月に、武蔵国幡羅郡上根村（現埼玉県妻沼町）の村役人が、助郷役の免除願いについて、「上根村助郷免除願の義、同寺より上野へ願出、それより公辺へ差出くれ候様頼みくれ候」（五八八）、と長楽寺より上野の寛永寺へ、さらに寛永寺より幕府へ取り次いでくれるように、俊純へ願い出ている。俊純は早速、家臣の友之助と久米を長楽寺へ派遣し、同寺の菊地七郎右衛門にあらまし「承知」させた。そこで、上根村の新右衛門と勇吉の二人は、長楽寺へ「入寺」し、その際に、岩松よりの頼みという口上書を添えれば願いを聞き届けてくれると長楽寺から言われたので、俊純より口上書を貰っている。ところが一一月になって、長楽寺より上根村へ断わりの返事が来て、結局この免除願いは取り上げられなかった。しかし、この周辺の村々が、助郷免除の願いを岩松氏→長楽寺→上野寛永寺→幕府というルートを利用して実現しようとしたことは興味深い。

＊井上攻「村社会の正当性と権威」（『湘南史学』第一四号）によると、増上寺領の武蔵国都筑郡王禅寺村の名主弥五右衛門は各地の由緒や特権を調査しているが、新田岩松氏領を調べ、次のように記している。

守護不入地ゆえ諸役御免と申し候は、上州新田萬治郎様御領地にこれあるべきや、同所は御領地に召捕人これありとも、他領人足当触いたし、その村人足これをもちいず、右につき他村へ出人足決して致さず、これ全く諸役免除の地にござ候、……全くの守護不入地と言うは新田萬治郎様御料地なり

領地内に召捕人がいても他領の人足を触れ当て、自領の人足を用いず、他村へ人足を出していない事実から、弥五

右衛門は新田領を「諸役免除の地」と位置づけている。「川々御普請御国役に限り高役相勤め候えども、ほか御国役御用これまで相勤めず候」と記し、新田領と他領との特権の比較を行っている。下田嶋村は木崎宿の改革組合村に属し、河川普請の国役は負担しているが、召捕人の人足負担を示す史料がないため「諸役免除の地」であることを確認することは出来ない。だが、弥五右衛門が新田領を「守護不入地」と捉えていたことに注目したい。彼が名主役に就任するのは文化二年（一八〇五）で、一九世紀前半まで活躍していた。一八世紀後半より岩松屋敷への駆入りの件数が増えるなかで、下田嶋村の新田領を「守護不入地」と見る人々が多くなっていくと思われる。

苗字帯刀の取得

在地社会の側が岩松氏の「御威光」を利用する事例の一つとして、苗字帯刀の問題がある。他領の百姓が岩松氏を通し、領主に対して帯刀御免を願い出ることもあった。

宝暦一三年（一七六三）七月六日の日記には、岩松村茂木甚兵衛が岩松孝純を通じて岡部藩安部丹波守より帯刀の特権を獲得している。孝純が網野源太左衛門を通じて岡部藩へ頼み、茂木甚兵衛の帯刀の特権を獲得したのである。だが、岡部周辺の七〇〇〇石の村々では、帯刀は甚兵衛一人であるため、役の御用を行う時は帯刀を禁止し、その他の用の時にだけ帯刀する事を許可した。これは「容易には成りがたき事」であったが「兵部様（岩松孝純）より御頼みとこれあり候えば別条候」（一〇八）、と岩松孝純の権威と名声によって帯刀に成功したのである。また、天明七年（一七八七）一二月二九日の日記には、甚兵衛の孫の武次郎も、岩松氏の依頼によって帯刀の特権を許可されていることが記されている。

先述のように、陸奥国伊達郡森山村の佐久間家は岩松氏と出入り関係を結んでいるが、その「由緒書」によると、先祖佐久間新右衛門敦成は、「新田家の旧臣」で金山開城の時「防戦」したとされている。そして、十代目市郎右衛門永蔵が寛政七年（一七九五）七月に上州屋敷へ初めて行き、岩松義寄より「上州出入の節は苗字帯刀」を許され、その後「御用達」となり、領主からも苗字帯刀を許された。また、十代目が屋敷を訪ねた際には、「系譜御糺の上、直様《すぐさま》御証状頂戴仰せ付けられ」と、系譜を糺された上で新田家の旧臣の「御証状」を拝領している。

また、日記には享和三年（一八〇三）八月一九日に尾嶋藤右衛門・八十次の案内で、佐久間永蔵が下田嶋の屋敷を訪れた事が記されている。この時、徳純へ刀一腰・鰹節二・真木綿一包・樽代二〇〇疋・馬代銀二枚を奉呈し、左男寿丸へ鰹節二・樽代二〇〇疋を贈っている。そして、「この永蔵は奥州森山村にて、当時木下定太郎殿知行所なり、右永蔵金山崩れの家来の末にて、保徳院様（岩松義寄）御代より久々の願につき、苗字帯刀の段某より木下家へ内願申込むところ、早速右某方より頼の趣につき、苗字帯刀差赦され候段、さる四月朔日呼び出しにつき、木下家郡代より直に申し渡す趣なり、永蔵も年来の心願成就につき、ことごとく悦趣につき、このたび右礼のため来る」（二一二）、と木下氏から苗字帯刀の特権を獲得したことが記されている。このように、新田家の旧臣であることが由緒も正しいとされ、佐久間家は領主よりの帯刀を許されているのである。彼らはこのような特権を得るために、新田岩松氏の権威を利用していた。

出入りの者の帯刀問題では、幕末期頃と思われるが、上総国武射《むさ》郡横地村百姓知行所隼之進の帯刀一件をめぐって、知行所領主の本多修理から問い合わせがあり、岩松氏の家臣が返答している。隼之進と倅の熊太郎は、岩松氏へ出入り関係を前年より結んでいたが、村内では岩松氏の「家来」と称して帯刀していた。しかし、岩松氏の家臣は本多修理の家臣宛の書状のなかで、「隼之進父子儀は去る丑年より立入の儀差し許し候えども、家来に召抱え候儀はもちろん、帯刀など差し許し候儀毛頭ござなく候」と答えている。隼之進は、岩松氏と出入り関係を結んでいるだけで、家来でもなければ帯刀を許可されていないにもかかわらず、村の中では岩松氏の「家来」と称して、刀を差し、村での自己の権威を高めようとしていた事がわかる。隼之進のような事例はその他の地域でもあり、次第に岩松氏と他の領主との矛盾や帯刀特権を持つ「出入の者」と小前百姓との矛盾が表面化していったのである。

同族団内部の争いの調停

近世中後期になると、没落しつつある本家と経済的に上昇してきた分家との間で同族団内部の指導権をめぐる争いが生じてくる。次にその事例を紹介しよう。

岩松氏へ同族団の争いの解決を求めた田中徳右衛門は、羽前国田川郡大山村（現山形県鶴岡市）の村名主であり、酒屋・地主であった。弘化元年（一八四四）に出羽国田川・飽海・由利郡、幕領大山等七三ヵ村の農民が、鶴岡藩の預り地となることに反対し、幕府の代官支配を望んで歎願運動を起こした。そして、老中・勘定奉行への駕籠訴《かごそ》を行ったが受け入れられず、四月二六日に所領受取の藩役人の大山入村を拒否し、大勢屯集し、竹矢来を張り橋を切り落とした。その江戸駕籠訴の中心人物が徳右衛門であった。そのため、弘化三年五月に尾花沢代官より、徳右衛門は、大山村名主俊司とともに「所払」の処分を受けている。

次の史料(5)は、その後の文久三年（一八六三）正月に田中徳右衛門の末家が岩松の家臣に宛てた口上書である。

(5) 田中家の同族団争い

恐れながら口上書をもって願い上げたてまつり候

去る拾弐年以前子年同姓本末縺に相成り、支配御役所に御苦労相懸け候始抹がら、当　御殿様聞し召し不安思し召し御取扱の儀仰せ含まれ、御遠境両度御下向の上、御諭し成し下され候みぎり、同姓の者とも申分黙止がたき場合にて承伏たてまつらず、色々失敬仕り候段今更後悔恐れ入り存じたてまつり候、ことに先年同姓安兵衛・要助両人登館仕り、本家家譜委細言上たてまつり御調の上、御分脉御許状下し置かれ候家筋にて、万事御下知に随ひたてまつるべきところ、愚鈍の私ども前後弁《わきま》えざる致方申し上ぐべき様ござなく、微心魂恐れ入り存じたてまつり候、かつ本家先祖へ対し申し訳もこれなき次第、追々改心仕り、徳右衛門へ申詫び和熟仕り、元通り立入り仕り候儀にござ候間、ここまでの次第、御用捨成し下し置かれ、以前のごとく御見返し成し下され候様願い上げたてまつり候、なおまた兼て御返上仕り候御許状、幸い徳右衛門へ御授け所持罷り在り候へば、今度徳右衛門御赦免の上は、本家へ元通り相納め先祖霊前へ相備え、永々秘蔵仕りたく存じたてまつり候間、御前をはばかりよろしく御執り成し御免許成し下し置かれ候様御取計い厚く願い上げたてまつり候、これにより恐れながら口上書をもって願い上げたてまつり候、以上

亥正月

田中徳右衛門末家
田　中　寿　平（印）
同
同　太郎左衛門（印）

畑　織之助殿
広瀬敬之助殿

嘉永四年（一八五一）二月に岩松道純は、田中徳右衛門に旧臣の証状を発給しているが、その際、徳右衛門は伝来の家譜を持参し、道純は田中一家が「時朋の分流」「当家分流」に相違ないことを認めているのである。ところが、翌五年に田中一家の本家と分家との間で内紛が生じて、それが以後一二年間も続き、道純の家臣は二回も出羽国田川郡大山村の田中家まで足を運んでいる。そして、文久二年に田中一家の安兵衛と要助の両人が下田嶋の屋敷へ登館し、道純より「御分脈《ぶんみゃく》御許状」を拝領したが、分家の田中寿平・太郎左衛門が異議を唱えたため、御許状を一旦は道純へ返上したようであ

る。

この間の日記を読むと、安政二年（一八五五）六月六日には、「台郷修験某来る、右の者羽州田中徳右衛門御赦願一条につき来り候よしなり」（四五一）、と先述の大山騒動での処分の赦免について台ノ郷の修験者が訪れている。おそらく田中家と岩松氏とを結ぶパイプは、羽黒山との関係が深いこの修験者ではないかと考えられる。そして、文久三年（一八六三）正月の口上書によれば、寿平・太郎左衛門が本家の田中徳右衛門へ詫びて和解し、御許状が本家へ預けられ、両人も元通りに「立入」することになったのである。また、同年九月二二日には、「啓之助今日出府申しつける、羽州徳右衛門一条酒井家へ頼み候につき遣し候事、もっとも羽州より来り居り候飛脚も同道行候事」（五八八）、と俊純は家臣を江戸へ派遣して、徳右衛門一件で酒井家に徳右衛門赦免の歎願運動を行っている。

鶴岡藩の預り地への支配替えに反対して、所払いの処分を受けた田中徳右衛門は、領主の酒井家を超えて新たな権威を自分もその「分流」であると意識していた新田岩松家に求めた。村役人・豪農クラスの上層農民の一部には、田中家のように領主離れの意識を持っていた者が存在していたと思われる。

また、別の事例を紹介しよう。常陸国下大塚村忠右衛門の分家藤兵衛一件（藤兵衛は前の年に岩松氏の屋敷へ出入りした者）は、下総国押付村忠左衛門を仲介にして岩松氏へ出願した例である。事のあらましを述べよう。忠右衛門は、村内の他支配所へ一族である勝兵衛の倅の藤兵衛を分家させたが、

「不調法の筋」があったため、藤兵衛は八年前から宗門人別帳から外され無宿となっていた。そのため、相給名主に相談し領主へ伺いを立てたが、いまだ改心していないという理由で四〜五年見届けた上で帰帳するようにとの返事であった。だが、分家の伜が永年無宿のままとなることは、本家としての威厳にかかわるという理由から藤兵衛の帰帳を岩松へ願い出たのである。そして、藤兵衛の帰帳が難しい場合には、勝兵衛の跡目を藤兵衛の伜に相続させて、藤兵衛本人は本家の忠右衛門の人別帳に加入させたいとしている。

旗本神尾家騒動と杉窪村治右衛門

次の史料(6)は慶応三年（一八六七）九月に相模国高座郡杉窪村治右衛門が岩松氏の家臣として召抱えてくれるよう願いを提出したものである。

(6)　家来取り立て願い

　　願い上げたてまつる一札の事

一この者壱人

御当家御家来にこのたび願い上げたてまつりたき候つき、御人主様へ御聞済みのほど御取計い成し下し置かれたく、なにとぞ偏に願い上げたてまつり候、これにより、一札くだんのごとし

　　慶応三卯九月

　　　　　　　　　　　　神尾稲三郎知行所
　　　　　　　　　　　　相州高座郡杉久保村
　　　　　　　　　　　　願人　治右衛門

扱人　安田藤兵衛（印）

岩松満次郎様御内
藤生友之助様

治右衛門は慶応元年（一八六五）一一月まで杉窪村（現神奈川県海老名市）の名主を勤め、領主である旗本神尾氏の御家騒動に深く関与した人物でもあった。『海老名市史3　資料編近世Ⅰ』を参照しながら、旗本神尾家騒動の概要と杉窪村名主治右衛門がなぜ岩松氏の家臣になろうとしたのかを検討してみたい。

旗本神尾稲三郎教久は福村淡路守正広の三男で、神尾貞之助教直の婿養子となり、嘉永元年（一八四八）に神尾家を相続し小普請組大島丹波守支配となる。神尾氏の知行高は六二七石二斗六升五合八勺で、知行所は相模国高座郡杉窪村（二八七石七斗二升三合八勺）、本郷村（一八九石五斗四升二合）、赤羽根村（一〇〇石）、寺尾村（五〇石）の四ヵ村である。

神尾家騒動の発端は、元治二年（一八六五）三月一〇日に稲三郎の妾かよが稲三郎の養女おたま（実際には妻の妹）を狂人扱いにして座敷牢に入れ、おたまが杉窪村名主治右衛門に助けを求めたことから始まる。治右衛門は稲三郎の実父福村淡路守正広におたまを自分の所で引き取ることを訴え、慶応元年五月に知行所の四ヵ村名主は、福村へ妾かよの「積年の淫悪魅量」を理由に同人の処分を要望している。これを受けて福村は五月に地頭所へ出張し、おたまの狂乱を否定している。ところが、福村の出張を聞いて稲三郎は立腹し、五月二六日に地頭所より用人石川銀之進らを岡っ引二人とともに村方へ出張させた。その際に四ヵ村惣代の杉窪村名主治右衛門と本郷村名主権左衛門の居宅に封印をしている。そして、六月九日に村々組頭三人が呼び出され宿預けとなり、一三日には名主一人（寺尾村名主彦左衛門）が手鎖・宿預けを言い渡される。一八日には吟味の際に拷問が行われ、彦左衛門は縄手鎖を掛けられ、命にかかわる病気となった。

その後、事態はさらに重大化し、七月五日知行所の小前百姓四八人が村方を出発し、翌六日に地頭所門前へ愁訴した。参加した村々は、杉窪村二四人、本郷村一六人、寺尾村七人で赤羽根村からは参加していない。そして、「御府内非常御廻」の旗本酒井左衛門尉の手下に四人が召捕えられ、江戸町奉行所根岸肥前守の取調べを受けて、山口近江守へ引き渡された。八日に惣代の者五人が差し置かれ、残りの四三人は帰村する。山口は五人の惣代に対して過料銭三貫文ずつの支払いを命令するが、地頭所は山口の裁許に不服で惣代の者五人と差添人一人を加えた六人に対して五両ずつ、四三人の参加者一人に対して一両ずつ合計七三両の過料銭の徴収を命じている。そして、惣代のうち三人は帰村となるが、残りの寺尾村組頭佐次郎と杉窪村百姓代七郎兵衛は不許可となり八月二〇日には「箱責《はこぜめ》」吟味（拷問）を受けた。一方、府内に隠れていた治右衛門と権左衛門は、稲三郎の屋敷へ呼び出され、七月一八日に手鎖・宿預けとなり、その後、「非道の折檻」を受け、八月三日には「箱責拷問」を受けている。だが、治右衛門は翌四日に出奔し、福村淡路守と連絡を取りながら、背後からこの騒動に参加していったのである。

さて、知行所村々は妾かよの「貪欲佞弁不身持《ねいべんふみもち》」、用人石川銀之進の「悪逆」、信濃屋下代佐助、加役方手先市治郎の「四人の者馴合《なれあい》非義非道」を追及し、かよと銀之進に「永々暇差出」、佐助と市治郎に地頭所に立入らないことを求めた。そして、これ以後、福村淡路守が主導権を握り、用人石川銀之進と稲三郎の妾かよに「永々御暇」を言い渡している。しかしその後、二六日になると銀之進・かよらは大老酒井雅楽頭《うたのかみ》へ駆込訴を行い、一二月二四日にも赤羽根村役人を引き入れて老中水野和泉守へ駕籠訴をしているが、訴えは聞き届けられなかった。そして、慶応四年（一八六八）四月二九日に稲三郎の婿養子として安部本次郎信樹の次男神尾豊橘教好がおたまと婚姻して神尾家を相続し、七月一九日に稲三郎は隠居を仰せ付けられた。

この神尾騒動の中心人物が杉窪村名主治右衛門であった。彼は、本郷村名主権左衛門とともに四ヵ村惣代として活躍した。治右衛門は「御地頭所様御為筋」「お玉様御身分御安事」のために、かよの「佞弁我儘《わがまま》」「美服・美食」「日々遊芸稽古」を告発した。そのため、稲三郎屋敷へ呼び出され手鎖・宿預けとなり、「非道の折檻」や「箱責拷問」を受けたのである。

一方、「身上取調書」によれば、神尾稲三郎は「平常強気にして大酒を好み、とかく妾に誑《(ママ)》たぶらかされ候御人のよし」とされていた。結局この「御地頭所御家政向の義」に関する騒動では、知行所の村役人と小前百姓との力で旗本の稲三郎を当主の地位から引きずり降ろしてしまったのである。そして、治右衛門は、神尾家騒動を通じて稲三郎へ幻滅を感じ、騒動の直後の慶応元年（一八六五）一一月には名主役を伜の千嘉松に譲っている。その後、慶応三年九月に治右衛門は岩松満次郎へ家臣取立願いを提出し、同月に千嘉松も杉窪村名主の退役願いを提出している。しかし、この二つの事実がどのように関連するかは定かでない。自己の領主の支配と権威を否定した農民が新たな権威として新田岩松氏を求めたことは、幕末期の豪農・村役人層の動向を典型的に示すものである。

幕末期の村役人の動向

由緒・出入りの者たちが村社会のなかでどのような問題を抱えていたかを物語る史料はない。だが、一八世紀中頃は草分け以来の旧家・本家が没落し、経済的に上昇してきた分家の新興農民が村内での発言権を強め、同族団内部の本分関係が動揺してきた時期であった。そのため、経済的に新たに上昇した農民たちが自家の「身上がり」を正当化するために、また没落しつつある農民が旧来の特権を維持・正当化するために由緒書を作成したという。

たとえば、山本英二「浪人・由緒・偽文書・苗字帯刀」（『関東近世史研究』二八号）によれば、甲斐国山梨郡下井尻村（山梨県山梨市）の井尻家の場合、苗字帯刀を許される「浪人」身分を獲得しようとする源三家と本家の団右衛門家との間で争いが生じている。結局、源三家が「浪人」身分を獲得し、それによってイエの由緒を独占し、同族団の長として公認されているのである。

また、村社会や地域社会が前代からの伝統的な権威を利用しながら由緒を作成し、他村と自村との差を明確にしつつ自村の権威と特権を創出しようとすることもあった（井上攻「村社会の正当性と権威」〈『湘南史学』第一四号〉）。

その意味では、一八世紀の後半は、同族団や村社会、地域社会の大きな転換期であったといえる。古川貞雄は、休日の増加の要因の一つである同族団の先祖祭りが一八世紀末から一九世紀にかけての近世後期の産物であることを指摘している。同族団の先祖祭りが登場するのは、近世後期、農民層分解が激化するなかで、かつては安定した同族団の結束が解体し、内紛の危機にさらされた段階である（『村の遊び日』）。天明元年（一七八一）一一月信濃国佐久郡臼田村井出一族の「井出一族相談の上定書」によれば、「近年一族一統困窮、今日を凌ぎかね候者もこれあり、身上相片付け他へ稼ぐ等に追々罷り出候につき、跡式断絶にも及び候儀を等閑《とうかん》に捨置候振合ゆえ、一族中の申争ひ間々これある」（『長野県史近世史料編第二巻㈠』）と一族一統のなかで経済的に困窮をきたし、他村へ出稼ぎに行ったり、潰百姓がでて跡式が断絶する状況があるという。それゆえ、本家を中心とした一統の堅い結束を説き、家元を「父」とした「万代の兄弟・永久の従弟」の関係を構想している。そして、毎年一一月六日に本家で同族団の先祖祭を行うことを取り決めている。このことから、井出一族は「草村の御家人」という意識を持っていたといえる。

村役人クラスの在地の有力者は、同族団の本家あるいは有力者として自己の家名・家系を権威づけるために、新田岩松氏の系譜を利用した。つまり、新田岩松氏への出入り関係を結ぶことによって、村共同体のなかでの自己の家の権威を高めようとしたのである。幕末期に出入りの者が増加する社会的背景はこのような事情によるものと考えられる。このような動きは全国的にも見られるもので、京都の寛政元年（一七八九）町触でも、町人・百姓で公家の家来や地下《じげ》の役人になったものが、その権威を借り苗字を名乗り、私に帯刀する者がいるとして、町役人に対し厳しく注意を喚起している。一九世紀に入ると、もはや公家に限らず「諸家の家来」へ一般化していくが、苗字・帯刀といった外見的な標識が地域社会のなかで重みを持っていくのである（朝尾直弘「一八世紀の社会変動と身分的中間層」〈『日本の近世　10』〉）。

このように、岩松氏への出入りの者は、村役人クラスの地域社会の有力者に多く、彼らは、苗字帯刀の特権の付与や同族団内部の問題の解決を岩松氏へ願い出たのである。このような幕末期に武家の棟梁である新田の権威を求める出入りの者が急増する背景には、在地社会の側に同族団の再編の動きがあることが推測される。

ところで、出入りの者のなかには、新田郡平塚村田部井源兵衛・源八郎親子、武蔵国児玉郡須賀民右衛門、秩父郡釜伏峠岩松新兵衛、幡羅郡柿沼村四分一兵右衛門など、馬庭念流《まにわねんりゅう》等の農民剣術の流派の者も存在する。特に、平塚村の田部井氏は岩松氏の剣術の師匠でもあり、しばしば稽古のため岩松屋敷へやって来ている。

また、馬庭念流の道場には、岩松義寄の描いた武士の守護神摩利支天《まりしてん》の像が掲げられている。農民剣術の門人達は、自己の家の祖先が武士であることに誇りを持ち、武士の棟梁である源氏の流れを汲む新田岩松氏と結びつくことによって武士の血筋のアイデンティティーを強めていった。剣術の門人達に限らず、村役人クラスの百姓は「士分」意識が強い。帯刀御免の特権を求めるのは、村役人クラスの百姓のなかに自らを武士身分と位置づけたい意識が働いているからである。このような帯刀特権の獲得や農民剣術の普及に代表される村役人層の「士」分意識は、「郷土防衛」意識とともに近世後期に強くなる。近世社会では封じられていた彼らの「士分」化願望は、領主支配の解体のなかでむしろ強くなってくるのである。このような村役人層の意識の背景には、中下層の小前百姓の力の増大、若者組による地芝居・遊日の増加、無宿や博徒の暗躍、博奕の横行等の村秩序の動揺という状況があり、近世後期の村役人はなんらかの村再建の方向を模索していた。後期国学の影響を受けた「草莽《そうもう》の臣」としての村役人の任務を「済生要略」で著した桂誉重《かつらたかしげ》は、「郷吏、村長」を「士」身分として百姓への教導を説いている（『国学運動の思想』日本思想大系五一）。朝廷の命令を受けて一郷一村の人民を支配することが「村長」の仕事であるが、彼らの前に立ちはだかっていたのが博奕・公事《くじ》出入りや休日の「附休、押休み」を要求する若者組であり、さらに「豪富の民商」による土地集積であった。近世後期において、村のなかで中下層の小前百姓の力が増大するなかで、村役人は「士」として治者意識に立って動揺した在地秩序を再編しようとしたのである。

なお、近世の朝廷の社会的基盤について、職人・宗教者・芸能者と朝廷・公家との関係はいくつか論じられているが、村役人クラスの百姓と天皇との関係ではあまり論じられていない。そこで、本章では、関東・東北の広い範囲から個別領主の支配の枠を超えて新田氏の権威を必要とした村役人層の運動があったことを明らかにした。彼らは帯刀の特権を獲得し、自己の家名・家系を権威づけるために、また、同族団の再編の過程で本家としての地位を確立するために、新田氏の系譜と権威を利用したのである。また、彼らの多くは自己の家系の優越性を誇示するために先祖代々から伝わる系図を大切に保存しつづけ、後に新たに台頭してきた農民や都市の新興町人層の一部も、自家の出自を権威づけるために偽系図を作成していった。つまり、一八世紀後半以降、本家・分家関係の同族団の再編のなかで、自家の家系・家名を権威づけるために公家や高家・交代寄合の武家の系図を利用したのである。その意識の基底には、源平藤橘等の姓氏を尊ぶ観念があり、究極的には天皇に収斂していく性格を内包していたといえよう。

3　新田官軍の決起と挫折

新田官軍

文久三年（一八六三）一一月の武蔵国榛沢郡中瀬《なかぜ》村（現埼玉県深谷市）桃井儀八（可堂《かどう》）の攘夷計画は、交代寄合岩松満次郎俊純を盟主にして沼田城を襲って攘夷の旗揚げをした後、横浜を焼き払うというものであった。元弘三年（一三三三）五月の新田義貞の鎌倉攻めに範をとり、新田の系譜をひく岩松俊純をその盟主に押し立てようとしたものである。「上州岩松家は新田の正統にて、昔義兵を揚《あげ》候古例」によって、岩松の殿様は尊王攘夷運動のシンボルに祭り上げられた。可堂は攘夷蜂起の趣旨の連判状を作り、約三〇〇人が署名したという。そして、可堂は俊純に攘夷蜂起の計画を話し、彼にその盟主につくよう求めた。一一月六日の俊純の日記には「桃井先生並びに二男来る……容易ならざる義を申し出る、固く断り候事、帰り行く」〔五八八〕と記されている。翌七日も「二男来る昨日の事なおまた固く断り候事、承知にて帰り行く」〔五八八〕と記され、桃井の次男が再度攘夷蜂起の決起を促したが、俊純は固く拒否したことがわかる。

桃井らは一一月一二日に蜂起を計画していたが、盟友の湯本多門之助の自訴と内通、俊純の江戸脱出と攘夷計画の暴露によって挙兵は不発に終わった。俊純は難を逃れるために江戸へ逃避し、計画の全容を幕府に報告したのである。この攘夷計画の参加メンバーは、木崎の桑原梧楼《ごろう》（金井之恭）を中心に、上田中村大舘謙三郎、村田村黒田桃民、太田町本島自柳・橋本多賀之助などであった。ちなみに、同時期の武装蜂起事件として、武州榛沢郡血洗島村《ちあらいじま》（現埼玉県深谷市）を拠点に渋沢栄一を中心とした慷慨組《こうがい》の蜂起がある。渋沢らは一一月一二日に岩鼻陣屋と高崎城を攻撃して、軍資金と武具を入手したのち横浜を焼き払うという計画であったが、これも未発に終わった。

だが、幕末の最終段階になると、岩松氏も官軍として決起する。慶応四年（一八六八）の新田官軍は、一月二六日に「勤王誘引役」佐久間嘉計雄《かけお》が下田嶋の俊純の屋敷を訪問し、官軍への協力を申し入れることから始まった。俊純は三月六日に家臣の広瀬専左衛門を高崎に送り、八日に東征大総督府に従軍建白書を提出する。その建白書のなかで、俊純は新田官軍の挙兵を次のように正当化した。

常々祖先勤王の遺志を変えず、旧封に罷り在り候一族旧臣どもを糾合仕上げ、皇家の藩屛《はんぺい》となり下、祖先の旧業を復し申したき志願にござ候

千載一時　王室中興の大機会、祖先勤王の遺志も相貫き、微臣俊純多年の宿志《しゆくし》も相立て申すべくと千歳の喜悦これに過ぎず存じたてまつり候間……唯々一族旧臣を糾合仕り、皇家のため寸功相立て、先臣義貞勤王の微衷《びちゆう》貫徹仕りたき志願にござ候

岩松俊純は祖先新田義貞の「勤王」の遺志を貫いて祖先の旧業を復するために、一族旧臣とともに立ち上がることを表明したのである。俊純は一三日に五六人の隊員を率いて屋敷を出発し、板橋宿へ向かった。当初の計画では生品神社《いくしな》（新田義貞が挙兵した場所と伝えられる）の神前で出陣の旗をあげ、大光院に参拝して板橋へ行く予定であったが、世直し騒動の鎮圧のための部隊の編成に手間取り、近隣の家臣のみで板橋へ直行したのである。

しかしながら、一五日俊純は総督府に「御軍役御免願」を提出したため、総督府はその日に即刻国元へ帰るよう命令、その後、一七日に板橋の宿舎を出発し、一八日に屋敷に帰っている。そして、三月二六日、家臣の広瀬を板橋宿へ派遣し、官軍復活を出願するが失敗し、さらに田中司を総督府に派

遣した。その間、大光院を新田陣営として借用することになり、四月二日大光院表門に「新田陣営」と墨書した立て札が立てられる。そして、四月六日に新田官軍の隊長が入札によって佐々木英之助に決められた。

四月二〇日、総督府が新田官軍に再び従軍を許可した。だが、総督府より「種々用易ならざる義これあり」という理由で新田官軍隊長の佐々木英之助を厳しく処罰せよという命令が下り、俊純の命によって四月二八日に佐々木が切腹するという事件がおこっている。

しかし、やっとのことで、閏四月七日に出陣の許可が下り、五三人の隊員が江戸に着き、新田官軍は岩倉具視総督付属を命令される。そして、同二九日に上越国境へ出陣するよう命令が下り、五月一日に江戸を出発し、四日に沼田へ到着した。しかしながら、江戸における新田の家臣の悪行を理由に、六月二日に新田官軍全員に謹慎命令が下り、大隊旗も取上げられた。そして、三日に本陣を引き払い、四日に新田屋敷へ帰っている。

これに対し、岩松氏は八月二四日に総督府復帰を願う口上書を提出し、八月晦日に築地鉄砲州開市門の守衛を命ぜられるが、人数が足りなかったので、のちに木挽町一帯の市中取締りを命令されている。そして、翌明治二年（一八六九）一月一四日に東京勤務を免除されるまで、市中取り締まりを勤めていた。以上が新田官軍の行動の概要である。

さて、右のなかから新田官軍の主な行動として三つ挙げられる。第一には、三月中旬から四月中旬にかけて上州の世直し騒動を鎮圧することであった。鎮圧隊を編成して周囲の村々を巡回すると記した廻状を廻し、名主の要請があれば直ちに出動して世直し勢を鎮圧しようとしたのである。

第二に、五月から六月三日までの上越国境での警備、第三に、八月晦日から翌明治二年一月一四日までの築地開市門の警備と木挽町一帯の市中取締りの勤務である。

だが、新田官軍を象徴する行動は、世直し騒動の鎮圧であった。俊純は官軍を率いて板橋宿まで行軍するが、先述のように三月一五日総督府に「御軍役御免願」を提出したため、総督府より即刻国元へ帰るよう命令される。俊純は「帰邑」を命令されて下田嶋村の屋敷へ帰ったが、三月一八日の日記には「予御軍役御免相願い候ところ、御免仰せ付けられ、在所表一揆鎮撫方仰せ付けられ、昨十七日出立今夜帰着、途中へ立入の者迎に出る、右につき種々の事件これあり候えども、この次よりの大配意につき、心も乱れ候様に相覚候につき委細記さず」〔六二九〕、と自ら願い出たこととはいえ国元へ帰された心の動揺を「心も乱れ候」と表現している。

俊純が「御軍役御免願」を提出した理由としては、これまでの苛政に苦しんでいた農民たちが蜂起し、富家に押入り金銀を掠奪し、「国元士兵の騒動甚しきに至り候」〔六四六〕という状況を挙げることができる。このような、新田官軍が直面した新田郡・山田郡を中心とした東上州の世直し騒動の要求は、質物の返還、借金証文の破棄、施金施米、米の安売り等に集約されるが、特に質物の無償返還をめぐって、各地で豪農と打ちこわし勢との間で衝突があった。民衆の質物の無償返還の要求は、岩鼻代官所による地方支配の崩壊という政治的状況のなかで提起された。だが、藩権力・豪農と民衆との対抗関係のちがいによって、質物の無償返還の実現のされ方は異なっている。

①豪農の主導によって、生活が成り立たなくなり融通が滞るという理由で無償返還を実施せずに施金に止める場合。

②世直し勢の強制力で質物の無償返還を約束したものの、官軍・藩権力を背景にして無償返還の約束を反故《ほご》にしていく場合。

③藩権力の支配の弱い地域では、打ちこわし勢による質物の無償返還が要求通り実施される場合。

当該地域の権力支配の強弱によって、質物の無償返還要求の達成度が異なるが、東毛の世直しの場合には①と②の場合があてはまる。

新田郡周辺の打ちこわしは、伊勢崎から境町へ波及した動きが新田郡へ移っていったもので、三月一二日に三室（佐波郡東村）、境・武士・八木沼・島村（境町）、世良田・尾嶋・阿久津・堀口・備前島（尾島町）・米岡へ、一三日に細谷・藤阿久・大島・大田宿へ波及している。一三日に木崎から北に向かい、溜池（新田町）、大原・六千石・山之神（藪塚本町）、赤堀・香林（赤堀村）、新川（勢多郡新里村）へ波及している。邑楽郡方面でも打ちこわし勢は、一三日に坂田村字山神に集結し、同日に小泉・石打・篠塚・瀬戸井・赤岩へ、一四日に舞木・古海・仙石・寄木戸・古氷へ、一五日に竜舞村へと及んでいる。

世直し騒動と新田官軍

さて、このようななか、岩松俊純が新田官軍として三月一三日に江戸へ出府する際には、先述のように生品神社より大光院へ拝礼してから中山道へ出る予定であった。そのとき、「新田執事」の名で「太田宿組合村々役人」に宛てた廻状は次のような文面である。

(7)　新田殿村々へ相廻し候廻状

今般　勅命を蒙り、官軍に随従いたし候様　総督府より仰せ渡され候間、急速出陣いたし候、ついては祖先左中将義貞旧封の地に罷り在り候一族旧臣共へ、一々通達に及ぶべきのところ、御本陣へ遅参に及び候ては、却て恐れ入る義に候間、取りあえず出馬候間、右志の者は精々誘ひ引合せ、跡より旅宿まで参着候様主人より申し聞され候、このだん申し入れ候、以上

新田
執事

戊辰三月
太田宿
右組合村々役人中

岩松氏は、新田義貞の古例にならって挙兵を呼びかけたが、その対象は「一族旧臣共」であったことがわかる。三月一三日当日は、太田宿を中心とした打ちこわしのため、「新田公も御手勢のみにて

御操出し」という状況で、新田官軍として屋敷を出発した時、隊員は五六名にすぎなかった。「旧臣」である太田周辺の町村役人クラスは、「大騒動にて右支度も相成り兼ね申し候」(「新田官軍軍中筆記」)、と世直し騒動に対応するのに精一杯であり、挙兵どころではなかったのである。

総督府より一揆鎮撫を命令された新田官軍は、新田郡村田村黒田桃民がこれを率いて、三月一九日には打ちこわしの鎮圧に向い、「十九日夜大間々町へ賊徒およそ千人も押来り候ところへ、新田岩松御人数廿人も参られ、右多人数を追乱し候よし、まずこれは全新田勢の為に皆々逃げ去り候と相見え申し候、又々昨日大間々町へ新田御人数およそ百人ばかり参候よし」(『群馬県史　資料編一五』)、と大原本町、大間々町、砂川村豪農星野家を防御し、新田・山田両郡の治安維持にあたっている。

そして、新田官軍は鎮圧隊を編成して周囲の村々を巡回すると記した廻状を廻し、名主の要請があれば直ちに出動して世直し勢を鎮圧しようとした。三月二五日には、「浜田村源左衛門より村騒立候事これあり候よし申越候につき、人数差遣し候事、相済み入夜に帰り来る」(六二九)と浜田村へ家臣を派遣し、二七日には大間々周辺の大前田村から派遣要請があり、二九日には「本島自柳同道にて、大間々在須永村の者両人来る、一揆の儀願出候事あるの委細申聞せ遣し帰る」(六二九)と記され、本島自柳を通して須永村の秩序回復が願い出られている。

(8)　上野国山田郡須永村の世直し騒動と新田官軍
　　差し上げ申す御請書の事

一当今不世柄につき、窮民ども営方にも差支うべき哉の旨をもって、富家よりそれぞれ助成も受けこれあり候えども、先達て百姓共蜂起の節、私ども同様富家打破り、その上預け置く質物など無金にて強盛に取戻し、なお金子米穀多分押取に致し候旨書面請取り候のみならず、掛合などに及び候段御聴入れ、御調御利解仰せ聞され、重々恐れ入りたてまつり、厳科にも仰せ付けらるべくのところ、全一時の心得違にて起り候義にて、先非《せんぴ》後悔仕り、右取戻し候質物など残らず相返し候はもちろん、米金など押取りなど決て仕らず、以来吃度《きつと》諍《あらそい》慎《つつしみ》百姓出情仕るべく候間、前科の儀幾重にも御宥免願い上げたてまつり候ところ、御聞済み成し下され一同有りがたく仕合せ存じたてまつり候、よって前書の通りいささかも相背き申さず候はもちろん、御聴入れ候節は当人は申すに及ばず、村役人一同、何様の御咎にも仰せ付けらるべく候、これにより御請書連印差上げたてまつり候ところ、くだんのごとし

慶応四年
辰三月

須永村
治兵衛（印）
竹治郎（印）
外百姓二十七名略
名主　半治郎（印）

同　伴　司（印）
組頭　菊五郎（印）

新田御出役
佐々木莫之助様

史料(8)は、質物の無償返還を行い、金子や米を押取りした須永村の百姓が、質物を返し、米金の押取りをしないことを「新田御出役」に誓約した請書である。これによって、須永村の百姓は刑罰を逃れることができ、四月九日には須永村直右衛門、西小倉村豊松、上仁田山村佐吉の三人が鎮撫の礼に来ている。新田官軍は、世直し騒動を鎮圧した村役人・豪農層の階級的な利害を代弁したといえる。

なお、新田官軍の財政基盤は、地域の有力者から募った献金・借金であった。下田嶋村名主庄蔵から年貢金・借金を含む二六〇両、太田大光院から二〇〇両、嶋村田嶋善兵衛ほか一家から九九両二分、浜田村橋本源左衛門から六〇両、下田嶋村真助から六〇両、千本木太郎左衛門・新井玄譲から二五両、中瀬村河田十郎左衛門から二五両、太田の医者本島自柳から一八両が入金されている。これら献金者の多くは、出入りの者たちであった。

次に、新田官軍を率いた一年間の財政規模を検討してみよう（表9参照）。安政六年（一八五九）の岩松氏の財政は、収入一四九両二分余・支出一二八両二分余である。新田官軍を率いた慶応四年（一八六八）の財政収支は、収入一五一六両一朱余・支出一四九四両二分一朱と安政六年の一〇倍規模となっている。

収入の部分は、前述したような出入りの者からの借金・献金に依拠している。だが、三月一三日の挙兵の直前にはわずか三四両しか集金しておらず、五六人の隊員を率いて江戸へ従軍するには財政的に不足していた。一五日に俊純が総督府へ「御軍役御免願」を提出したのも、軍資金の決定的な不足が挙げられるが、四月以降になると、大光院からの二〇〇両を含め由緒の者・出入りの者よりの献金が集められるようになった。また、支出の部分では、従軍の費用が多く、支出が多い月日は、四月一六日に二九五両余、二五日に二八五両余と従軍する直前の時期と九月二四日に一〇三両余と江戸市中取締りへ行く直前である。

このように、新田官軍は、祖先新田義貞の「勤王」の遺志を貫いて一族旧臣と共に倒幕に立ち上がったが、結局世直し騒動を鎮圧することがその主な行動となってしまった。だが、それは同時に新田官軍の行動を制約した要因でもあった。新田官軍の挙兵の挫折は、幕末期の村役人・豪農層と民衆との矛盾を典型的に表現したものと言える。

つまり、新田官軍の行動のなかに、岩松氏に由緒や権威を求める村役人などの中間層と、質物の返還や米価引き下げを求める民衆との対立が鮮やかに描き出されていたのである。新田官軍の挙兵の挫折は、新田義貞の挙兵の時代とは異なる幕末維新期の時代相を反映していたのであった。

表9　慶応4年新田官軍財政

月　日	支　出 (両.分.朱/文)	収　入 (両.分.朱/文)	差　　引	新田官軍の動きと 収支項目
1/11	4.1.2/2602	6.1.0/562	+1.2.2/160	
2/19	15.0.0/7502	14.0.0/1950	+106	田中司前橋へ2/15，広瀬伝新町宿三俣へ安中宿本陣へ2/16
2/25	2.0.3/2532	5.0.0	+2.2.2/605	藤生静之助出府を命令される2/25
3/2	3.0.0/3148	5.0.0	+4.1.0/805	尾州使者佐久間嘉計雄田嶋屋敷へ2/26
3/11	34.0.0/20200	34.0.0/2500	+2.1.3/150	広瀬伝3/6，広瀬専左衛門高崎へ使者3/8
3/18	34.3.2/14470	31.0.0	−2.3.2/500	殿様出府3/13，登沢周助板橋まで行く3/16
3/晦	5.2.0/17572	13.0.0/1200	+2.3.2/911	専左衛門板橋へ再願に出る3/26，広瀬伝高崎へ二度目の使者3/29
4/16	295.2.1/8600	295.0.0/860	+1.2.0/225	大光院より200両借金4/15
4/19	30.2.2/2372	30.2.2/500	+1.1.0/1647	伝板橋へ田中迎えに行く4/18，専左衛門板橋へ出る4/19
4/25	285.3.3/104080	286.0.1/105904	+1.1.2/3471	総督府再び従軍を許可4/20，田嶋善兵衛より15両請取4/24
④/2	10.3.2/63700	10.2.0/49000	+5711	満次郎官軍隊長佐々木に切腹を命ずる4/28
④/8	3.2.2/11472	6.2.1/6271	+2.0.0/3100	田中司総督府に100両米30俵を献納閏4/3
④/12	18.3.1/9000	23.0.0/1500	+3.2.0/2120	鉄砲30挺鉢形村国友勘右衛門より購入
④/18	1.3.2/28348	3.0.0/111	+2.3.0/831	満次郎館林より江戸へ出立
④/27	44.2.2/21732	47.2.3/2800	+3.3.0/692	中間段治三ノ倉より参り江戸へ飛脚に遣す
5/6	8.3.0/11924	9.0.0	+2.2.0/3768	上越国境へ出陣5/1

5/13	16. 2. 3/3000	17. 0. 0	+3. 0. 1/768	満次郎大総督府から朝臣に任じられる5/8
5/19	13. 0. 0/23100	38. 2. 0	+26. 2. 0/2952	
5/26	23. 0. 2/1400	50. 0. 0	+53. 1. 2/1522	
5/晦	1. 0. 3/11100	/529	+52. 0. 0/487	
6/4	21. 1. 2/25200	25. 3. 0	+53. 3. 3/287	官軍に謹慎命令大隊旗を取上げられる6/2
6/8	74. 0. 1/10024	27. 0. 1/800	+6. 1. 0/1753	
6/10	1. 3. 0/4192	3. 0. 0	+7. 0. 0/557	
6/15	3. 0. 2/3880	0. 2. 2/272	+4. 0. 0/2349	亘譴一郎を大音竜太郎へ派遣6/10
6/19	11. 2. 3/1700	8. 0. 0	+0. 1. 1/649	亘譴一郎に江戸出府を命ずる6/18
6/29	1. 0. 3/3548	1. 2. 0	+0. 1. 0/1148	
7/2-11	39. 0. 1/6496	41. 3. 3	+2. 3. 2/1248	大音竜太郎へ暑中見舞金平糖を上る7/2，江戸へ出兵（24名）7/9
7/14-18	10. 3. 0/1100	11. 2. 1	+3. 3. 2/1000	
7/23-26	18. 0. 1/3150	15. 0. 0	+1. 0. 3/850	
8/2-7	20. 0. 0/4940	20. 3. 0/279	+1. 2. 0/387	武州八幡山倉林治兵衛大砲を献上・旧臣の者大勢集まる8/5
8/10-22	25. 0. 3/1920	25. 2. 2	−4. 0. 2/1048	総督府復帰を願う口上書を提出8/24
8/27-30	3. 0. 0/1100	6. 2. 0	−0. 1. 2/348	築地開市門の警備と市中取締りを命令される
9/5-10	22. 1. 3/500	34. 0. 2	+0. 0. 3/250	
9/15-20	6. 2. 2/1100	25. 0. 3/500	+18. 2. 2/1148	
9/24-29	146. 1. 3	132. 2. 0	+4. 2. 3/1148	嶋村田嶋より50両借用／東京入用100両渡す
10/4-8	42. 1. 2/100	40. 1. 1	+2. 2. 0/748	
10/13-17	13. 3. 2/1800	15. 0. 0	+3. 2. 0/148	満次郎中太夫に任命される10/9
10/19	25. 3. 1/2664	25. 0. 0	+2. 1. 2/480	お武様（俶純の娘）東京出府
10/23-30	13. 2. 1/16672	13. 1. 2	+0. 2. 1/588	
11/5-11	6. 3. 2/4060	11. 2. 3	+3. 2. 0/876	
11/19-24	10. 0. 2/8848	8. 1. 1/600	+2828	
11/28	31. 1. 0/2200	35. 0. 1	+3. 3. 1/628	

12/2-13	23. 2. 2/30784	24. 1. 3/4000	+2. 3. 0/956
12/18-20	9. 2. 1/24027	6. 3. 1	−1. 1. 2/273
12/26-28	9. 0. 1/36300	12. 3. 1/29200	+1. 1. 2/447
12/28	1. 1. 1/29550	3. 3. 1/29200	
12/29	4. 0. 3/26200	8. 2. 0	+3. 0. 1/1
計	1439. 2. 1/594809 1494. 2. 1/809	1497. 0. 1/209338 1516. 0. 1/4138	（+有前 −不足） （1両=10800文）

注　「慶応四歳辰正月吉日　金銀出入萬控帳」〔623〕より作成.
①支出が多い月日−4/16・4/25・9/24−100両を超す.
②収入事項−多額の借金・献金者.
名主庄蔵260両，太田大光院200両，嶋村田嶋善兵衛外99両2分，浜田村橋本源左衛門60両，下田嶋村真助60両，佐井郡千本木太郎左衛門25両，新井玄譲25両，中瀬村河田十郎左衛門25両，太田本島自柳20両.
③「月日」の丸数字は閏月を示す.

おわりに

最後に、本書の簡単なまとめを述べよう。

本書の課題の一つは、二〇〇年間の新田岩松氏の武家日記を通して、領主と農民との関係を再考することにあった。具体的には、年中行事の諸儀礼、領主の勧農機能の諸相、染筆・猫絵・除札《よけふだ》の発行などの祭祀機能を通して、領主の支配と責務を明らかにすることであった。

毎年繰り返される年中行事の諸儀礼は、岩松氏と「御家来衆」「御知行所御侍格」「御足軽並びに御知行所村役人」「惣百姓」との贈答慣行と拝礼を通して主従制的な関係、あるいは領主と百姓との関係を更新する場であった。さらに、それだけでなく、一九世紀に入ると、「由緒の者」を年中行事のなかに新たに位置づけ、岩松氏の社会的基盤を広げようとしていたのである。

岩松氏と百姓との関係においても、代替り巡見にみられるように、村役人から殿様や家臣に対して酒食が振舞われる一方、殿様から百姓全員に対して絵が与えられており、両者には互酬的関係が存在する。そして、百姓の所持していた土地を一筆ごとに確認して、「田方反別改帳」「畑方反別改帳」が作成される。代替りの際に新しい領主と百姓との関係を更新する必要があり、百姓の土地所持を保障することが領主の責務と考えられていたのである。

ところで、領主の責務という言葉には違和感を覚える読者がおそらく多いであろう。従来の研究では、領主の農民掌握に力点がおかれていたため、江戸時代の領主を封建的な抑圧や苛斂誅求《かれんちゅうきゅう》の「悪玉」とのみ捉えるイメージが強かった。しかし、近年の研究では、年貢を負担する被治者の意識や心性に深く入り込み、かれらの納得や合意に基づいた領主の支配を問題とするようになったといえる。春の勧農として指摘した用水普請の検分、苗代の斡旋、雨乞祈禱の寺社への斡旋、災害の被害を蒙った知行所の百姓に対する救済措置、秋の勧農として指摘した検見、田方勘定や年貢皆済の時の儀礼や代替り巡見を見ると、領主と百姓との互酬的な関係が見えてくる。百姓は年貢を納入し、領主は百姓の土地所持と生活を保障するという関係である。

すでに第一章で指摘したように、岩松知行所の取箇率は幕末期まで五〇％前後と高く、百姓の負担が重かったことは歴史的な事実である。だが、年貢率の決定が必ずしも領主の恣意だけでなく、領主と農民との合意に基づいて決められていたこともまた事実なのである。検見取の年貢は定免よりも一般には取箇率が高かったものの、村役人が内検見をして小検見野帳を作成し、それに基づいて家臣が検見を実施して取箇率を決定している点では領主と農民との「合意」の上で成立しているものといえる。もっとも、領主と農民との双方に「上下共に欲」があり、とりわけ領主の側の恣意が強く働いたが、両者の合意の基礎には検見を「正路」にするということがあった。このように、検見年貢も定免年貢も、領主と百姓との「合意」の上で成立している。年中行事の諸儀礼を通した「心意」による統治は、百姓の年貢収納にこのような形で帰結していく。

本書の第二の課題は、領主の勧農機能と結びついた祭祀機能についての解明である。フレイザーの『金枝篇』が王の接触によって病気を治癒《ちゆ》する英国王にまつわる信仰を紹介しているが、日本の近世史では領主のこのような王の癒《いや》しの奇蹟についての検討がまだなされていない。だが、岩松の殿様の下付する食物は熱を下げ、草鞋《わらじ》は狐憑《きつねつき》封じの効能があり、殿様自身についてもその顔を面拝すると狂人の気を直す効能があると信じられていたのである。さらに、幕末の俊純は疱瘡《ほうそう》封じのまじないとして小児を踏むという呪術を行っている。御霊《ごりよう》信仰に基づく鼠除《ねずみよけ》、疱瘡除、疫神除《えきじんよけ》、狐憑封じの現世利益の信仰を岩松氏は猫絵・除札《よけふだ》を通して再編していった。地域社会におけるこのような信仰の下地の上に、幕末期の俊純は民衆の疫神除の要求をくみ取り、大量の除札を発行したのである。疱瘡除のまじないや面拝を演じる岩松の殿様は、王の接触による病気の治癒など王の癒しの奇蹟と同様なことを行っているといえよう。

また、俊純が知行所の百姓に対して配布する疫神除の札は、領内の安寧の維持、百姓の心意統治のために必要不可欠なものであった。猫絵の殿様は民衆の俗信と深く結びつくことによって、領内の安寧を維持し、民心を把握していったのである。近世社会における領主は、このような百姓の心意統治の装置を用意していた。

つづいて、本書の第三の課題は、一八世紀後半以降の在地社会の動きに注目しながら、なぜ新田岩松氏の権威が浮上してきたかを考えることであった。岩松氏への出入りの者は、関八州だけでなく、広く東北・甲信越の東日本の各地にまたがり、幕末期には八〇〇人以上に及んでいる。出入りの者に対しては岩松氏より、飛脚札、家紋の提灯、弓張提灯等が与えられ、家紋の使用が許可されている。彼らは、武家の棟梁《とうりょう》である源氏の流れをくむ新田岩松氏と出入り関係を結ぶことによって、自らの社会的名誉や地位を高めようとした。また、逆に出入りの者や由緒の者が岩松氏の社会的権威を浮上させたといってよい。岩松氏も出入りの者・由緒の者を再編する一環として、一八世紀末から一九世紀初めの頃、「御家来筋並びに御由緒之者年頭御礼」の儀礼を文化九年（一八一二）より新たに制度化して、「由緒の者」を年中行事や通過儀礼のなかに新たに位置づけた。

また、地域社会の有力者である村役人クラスの出入りの者は、苗字帯刀の特権の付与や同族団内部の問題の解決を岩松氏へ願い出ている。新たに経済的に上昇した農民たちが自家の「身上がり」を正当化するために、また没落しつつある農民は旧来の特権を維持・正当化するために由緒書を作成したのである。一八世紀中頃は、旧家・本家が没落し、経済的に上昇してきた分家の新興農民が村内での発言権を強め、同族団内部の本分関係が動揺してきた時期であった。

このような一八世紀末から一九世紀にかけての近世後期、農民層分解が激化するなかで、かつては安定していた同族団の結束が解体し、内紛の危機にさらされた段階に同族団の先祖祭りが登場する。

そして、幕末期に出入りの者が急増する背景には、百姓上層の家に家譜・家名を重視し、源平藤橘等の姓氏を尊ぶ観念があったといえよう。在地社会の側に同族団の本家あるいは有力者として自己の家名・家系を権威づけるために、新田氏の系譜を利用しようという意図が働いていたのである。

また、帯刀御免の特権を求めるのは、村役人クラスの百姓のなかに自らを武士身分と位置づけたい意識が働いていたからであった。帯刀特権の獲得や農民剣術の普及に代表されるように、村役人層の「士」分意識は、「郷土防衛」意識とともに近世後期に強くなる。近世社会では封じられていた彼らの「士分」化願望は、領主支配の解体のなかでむしろ強くなってくるのである。このような村役人層の意識の背景には、中下層の小前百姓の力の増大、若者組による地芝居・遊日の増加、無宿や博徒の暗躍、博奕《ばくち》の横行等の村秩序の動揺という状況があり、近世後期の村役人は村再建の方向を模索していた。

ところで、近世社会においては、様々な訴願は村役人を通じて領主へ届け出ることが正式の手続きであるが、一八世紀後半より離縁や様々な理由の駆込みが下田嶋の屋敷を舞台に展開した。自分の帰属する領主を超えて、離縁や駆落ち、連れ出し・嫁盗み、勘当などの問題について、新田岩松の「御威光」による解決を求めて岩松氏のもとへ駆込んだのである。支配違いの訴訟の受理は本来認められていないにもかかわらず、人々は幕藩制の正規のルートとは別個の紛争処理のシステムを事実上作り上げたが、これは岩松氏の権威によって社会的に黙認されていたのであった。

また、徳川家と血脈を通ずる家系の由緒によって幕府に取り立てられた岩松氏が、新田官軍を率いて倒幕運動に参加するには、それを正当化する論理が必要であった。岩松氏を尊王攘夷運動のシンボルに祭り上げた人々は、「上州岩松家は新田の正統にて、昔義兵を揚《あげ》候古例」という理由づけをした。そして、岩松氏の場合、南朝の「忠臣」新田義貞の子孫として最終的には天皇権威に結びついていったのである。新田官軍は、祖先新田義貞の「勤王」の遺志を貫いて一族旧臣と共に立ち上がったが、結果的には世直し騒動を鎮圧することがその主な行動となった。新田官軍の行動は、幕末期の村役人・豪農層と民衆との矛盾を典型的に表現したものであり、岩松氏に由緒や権威を求める村役人などの中間層と、質物の返還や米価引き下げを求める民衆との対立が鮮明に描き出されていた。

なお、高埜利彦・藤田覚らの研究によれば、神社の組織化が進むのは、公家の吉田家が家元として諸神社をかなりの程度編成することに成功した一八世紀末以降のことである。天明末年から寛政初年にかけて新嘗《にいなめ》祭・大嘗《だいじよう》祭や石清水社賀茂社臨時祭が再興され、一八世紀後半以後朝廷の権威が「復活」し、文化・文政以降、朝廷の権威は幕府との協調の枠から逸脱し、自立の途を歩みはじめる。朝廷の権威の復活の背景には、社会の側に「公儀」(幕府)に代わる新たな権威を求める動きと対外危機とがあった。

だが、幕末期にはおそらく各地域で、岩松氏のような権威浮上の動きがあったのであろう。一八世紀後半以降に権威を帯びてくるのは朝廷だけではなかったのである。また、我々が見据えなければならないことは、岩松氏の権威浮上の背景にある歴史の深部の動きである。猫絵の普及も、飛脚札の要望も、養蚕生糸などの商品経済の発展と通信制度の発達による情報ネットワークの存在を抜きにして語ることはできない。これらの広域の経済活動や通信制度の発達が、関東・東北の広い範囲で新田氏が権威を広げた社会的基盤であった。明治維新を準備した原動力は豪農層や村役人などの中間層であり、彼らが全国的な情報収集・発信の担い手となって、経済・社会・文化の構造を大きく変えていったのである。

このように、鼠よけとして重宝がられた猫絵とそれを描いた殿様の歴史をひもとくと、一八世紀後半から一九世紀中頃にかけて村役人・豪農層などの中間層がどのような新たな権威と秩序の拠り所を必要としていたかを知ることができる。幕藩体制から、外圧に対する復古主義的な民族運動の形態をとりながら、天皇制という形をとった近代国民国家への転換期のなかで、鼠をにらむ猫絵は、殿様の権威を求めてきた人々の歴史をもにらんでいたに違いない。

付表

付表1 近世における新田岩松家の殿様の履歴

歴代当主・生没年〔家督期間〕	履歴
守純（もりずみ） 享禄四年（一五三一）生〜 元和二年（一六一六）没 満次郎、治部大輔、号破瓢斉 母は梁田中務少輔某女 妻は金井右馬允某女 法名元亨　大空院	天正一四年（一五八六）金山落城におよび由良信濃守国繁退散し、守純も上野国山田郡桐生の竜泉庵に退居す。 天正一八年（一五九〇）徳川家康関東入部の際に、豊純を伴い川越城ではじめて拝謁したが、家の系図を台覧に入れたところ「言上の次第よろしからざる」理由で帰郷すべしという台命あり。 後に新田郡一野井村感応寺曲輪にて田宅の地二〇石を賜い、その後世良田村へ移されこの地に住す。 元和二年（一六一六）二月九日死す。八五歳。 普門寺に葬る。のち長楽寺に改葬す。
豊純（とよずみ） 元亀二年（一五七一）生〜 正保三年（一六四六）没 満次郎、治部少輔 母は金井右馬允某女 妻は根岸三河守某女 法名源清　陽徳院	父とともにはじめて家康に拝謁し世良田村に住す。 正保三年（一六四六）三月一二日死す。七五歳。 普門寺に葬る。のち長楽寺に改葬す。

秀純（ひでずみ） 元和五年（一六一九）生～ 延宝四年（一六七六）没 初義純、次郎、満次郎、致仕号幸閑 母は根岸三河守某女 妻は安藤対馬守家臣伊原助左一衛門光隆女 法名普悦　千光院	寛永一八年（一六四一）新田の称号を改めて岩松に復しのち代々これを称す。寛文三年（一六六三）七月二〇日阿部豊後守忠秋の推挙により、新田郡下田嶋村に采地一〇〇石を加えられ、一二〇石を知行す。同一〇月一日将軍家綱に拝謁す。寛文四年（一六六四）一一月一四日に下田嶋村に居住し、のち代々この地に居住し、毎年一二月に参府して正月三日に江戸城にて歳首を賀す。延宝四年（一六七六）九月六日死す。五七歳。普門寺に葬る。のち長楽寺に改葬す。
富純（とみずみ） 寛文二年（一六六二）生～ 寛保三年（一七四三）没 〔延宝四年～享保一九年〕 虎寿丸、小次郎、満次郎、致仕号大棟 母は安藤対馬守家臣伊原助左一衛門光隆女 妻は主殿義勝女 後妻は茂木太左衛門女 法名覚隆　瓊樹院	延宝二年（一六七四）一〇月一日はじめて将軍家綱に拝謁す。延宝四年（一六七六）一二月一二日家督を継ぐ。享保一六年（一七三一）五月家系及び附録等を将軍吉宗の台覧に備う。七月また長楽寺の古文書等を上覧にいる。享保一九年（一七三四）六月二一日致仕（隠居）す。寛保三年（一七四三）九月一二日死す。八二歳。長楽寺に葬る。のち代々葬地とす。
孝純（たかずみ） 宝永五年（一七〇八）生～	享保九年（一七二五）一二月二八日はじめて将軍吉宗に拝謁す。享保一六年（一七三一）武蔵国長井庄斉藤塚の辺を巡覧し、地理を図して奉る。のちま

寛政二年（一七九〇）没
〔享保一九年～明和六年〕
初慶純（やすずみ）、半蔵、太郎、兵庫、満次郎、兵部、
致仕号閑湖
母は茂木太左衛門女
妻は大久保源次郎忠喬女
法名孝純　岩照院

た上野国榛名山に登り、巌殿寺の旧記什物等を模して台覧に備う。

享保一九年（一七三四）六月二一日家督を継ぐ。

元文四年（一七三九）三月二七日さきに新田義重朝臣の旧地を検し、記録して奉り黄金三枚を賜う。

明和六年（一七六九）一一月二八日致仕す。

寛政二年（一七九〇）年一一月二二日死す。八二歳。

義寄（よしより）
元文三年（一七三八）生～
寛政一〇年（一七九八）没
〔明和六年～寛政九年〕
初温純（あつずみ）、亀寿丸
半蔵、左京、兵庫、満次郎、
致仕号大櫟
母は大久保源次郎忠喬女
妻は川井監物信興女
後妻は貞之進通純女
法名　温純　保徳院

宝暦五年（一七五五）一二月二八日はじめて将軍家重に拝謁す。

明和六年（一七六九）八月五日家督を継ぐ。

寛政九年（一七九七）一一月二八日致仕す。

寛政一〇年（一七九八）二月七日死す。六一歳。

徳純（よしずみ）
安永六年（一七七七）生～
文政八年（一八二五）没

寛政五年（一七九三）一二月二八日はじめて将軍家斉に拝謁す。

寛政九年（一七九七）一一月二八日家督を継ぐ。

文政八年（一八二五）七月二三日死す。四九歳。

道純（みちずみ） 寛政九年（一七九八）生～ 安政元年（一八五四）没 〔文政八年～安政元年〕 満次郎、兵部、主税、左男寿丸 母は成瀬大膳政成女 妻は中山主馬信泰二女 法名　実成院	文化一二年（一八一五）一二月二八日はじめて将軍家斉に拝謁す。 文政八年（一八二五）一一月七日家督を継ぐ。 天保一〇年（一八三九）三月七日江戸城西丸炎上につき献納金五〇両を上納。翌一一年二月二九日褒美として賚鐙一足を与えられる。 安政元年（一八五四）七月二〇日死す。五六歳。
俊純（としずみ） 文政一二年（一八二九）生～ 明治二七年（一八九四）没 〔安政元年～明治二七年〕 智丸、兵部、主税、満次郎、号養山、積翠、信天翁 母は中山主馬信泰二女	安政元年（一八五四）一二月二七日家督を継ぐ。 慶応四年（一八六八）四月八日東山道総督府より従軍を命ぜられる。 同年四月九日会津裏手上州戸倉口出張を命ぜられる。 同年五月八日朝臣を命ぜられ、本領安堵をうける。 同年八月三〇日東京都鉄砲州開市門門守衛兼市中取締りを命ぜられる（明治二年正月一五日まで）。 明治三年（一八七〇）五月一二日岩鼻県貫属を命ぜられる。 同年一一月二日権大舎人拝命。 明治五年（一八七二）正月二〇日辞職。 明治一六年（一八八三）八月一三日特旨をもって華族に列せられる。 同年九月一四日叙従五位。 明治二七年（一八九四）三月一五日死す。七五歳。

注「寛政重修諸家譜」巻一一二六（『新訂寛政重修諸家譜』第一八巻）、「新田岩松系図」（新田文庫No.九〇四）より作成。

付表2 新田岩松氏の染筆石造物

西暦	染筆の年号	場所	種類	建立者	染筆名	典拠
一七七五	安永四年乙未秋九月吉日	大間々町桐原字間坂	神明宮扁額	当村氏子中	源義寄	
一七八〇	安永九庚子歳三月吉日	伊勢崎市稲荷町今村神社	稲荷鳥居	当村惣氏子	源義寄	伊勢崎 七六三頁
一七九二	寛政四壬子年九月	渋川市中村早尾神社	鳥居扁額		新田岩松温純	渋川市 八一頁
一七九五	寛政七年九月吉日	尾島町二ツ小屋稲荷神社	稲荷鳥居額「正一位稲荷大明神」		徳純	尾島町 二九三頁
一八〇〇	寛政十二庚申年春三月初八日	尾島町二ツ小屋墓地	庚申		柳慶庵	尾島町 一三三頁
一八一八	文政元年戊寅六月吉日	尾島町須賀神社	鳥居額「祇園社」	上三町下三町他氏子中世話人	新田徳純	尾島町 二九四頁
一八一九	文政二歳己卯仲冬吉日	桐生市宮本町三丁目長福寺	二十三夜塔		新田徳純	上州2 二七四頁
一八二〇	文政三年庚辰秋九月吉日	尾島町尾島雷電神社	鳥居額「雷電宮」	総氏子中	徳純	尾島町 二九四頁
一八二七	文政十丁亥二月廿二日	榛名町本郷蔵屋敷安養寺境内	二十二夜供養塔	本郷村願主講中	新田之嫡流源道純	上州2 三一五頁
一八三五	天保六乙未年八月念（廿）八日	藤岡市中島養蚕神社	御獄山祭神		新田源道純	藤岡市 五九二頁

一八三五	天保六年乙未十月吉日	尾島町前島前島院	馬頭観世音		新田道純	尾島町　一七二頁
一八三八	天保九歳次戊戌十月之吉日	尾島町押切徳性寺	二十二夜塔	押切邨女人一五名	新田源道純	尾島町　八八頁
一八四〇	天保十一年歳在庚子十月大吉祥日	新田町木崎大通寺	聖徳太子供養塔	木崎他五村世話人	新田源朝臣道純	新田町　一九六頁
一八四〇	天保十一庚子年霜月	桐生市広沢町二丁目	二十三夜塔	(願主連名)	新田道純	上州2　二七六頁
一八四二		伊勢崎市波志江町一丁目	庚申	細井勘左衛門	新田源道純	伊勢崎　三八三頁
一八四八	嘉永元年戊申十月二十二日	新田町中江田本郷	二十二夜塔	原郷地本郷地女人	新田源道純	上州2　三七六頁
一八四八	嘉永元年戊申十月吉日	尾島町世良田普門寺	二十二夜塔	女人三五人	新田源道純	尾島町　九〇頁
一八四九	嘉永二年正月吉日	尾島町阿久津稲荷神社	木曽御岳講供養塔	当村中	新田源道純	尾島町　一九三頁
一八四九	嘉永二年酉正月吉日	尾島町阿久津稲荷神社	出羽三山供養塔	当村中	新田源道純	尾島町　一九九頁
一八四九	嘉永二年歳在己酉十一月吉日	尾島町世良田長楽寺三仏堂	二十二夜塔	講　中	新田道純	上州2　三七五頁
一八五〇	嘉永三年歳在庚戌六月吉日	尾島町大館八幡宮	木曽御岳講供養塔		新田源道純	尾島町　一九三頁
一八五一	嘉永四歳在辛亥冬十一月吉日	尾島町堀口浄蔵寺	二十二夜塔	堀口村女人講中	新田源道純	上州2　三七三頁
一八五一	嘉永四年歳在辛亥十一月吉日	尾島町世良田八坂神社	木曽御岳講供養塔		新田源道純	尾島町　一九三頁

一八五二	嘉永五壬子年吉祥日	伊勢崎市安堀町富士神社	稲荷鳥居「熊野宮」		新田源道純	伊勢崎	三八三頁
一八五六	安政三丙辰年正月吉日	藤岡市中大塚平地神社	御獄山祭神	白石邑堀越三右衛門	新田義貞的（ママ）孫源俊純	藤岡市	五九三頁
一八五九	安政六年己未三月吉日	吉井町岩井真光寺	石尊大権現	当所講中	新田義貞之嫡宗源俊純		
一八六〇	安政七年庚申歳二月二十五日	尾島町安養寺明王院	庚申	総村中当山宣正代	新田義貞嫡宗源俊純	上州2	二三六頁
一八六〇	安政七庚申二月	藤岡市森飯玉神社北	庚申		新田左中将義貞十八世源俊純	藤岡市	三五九頁
一八六〇	万延元年歳次庚申秋九月初九日	新田町木崎貴先神社	木曽御岳講碑	木崎他五村世話人	新田義貞之嫡宗源俊純	新田町	一七一頁
一八六〇	万延元庚申歳十月吉日	尾島町尾島正喜院	二十二夜塔	裏尾島邑中女人講中	新田源俊純	尾島町	九三頁
一八六〇	万延元庚申十一月八日	尾島町亀岡観音堂	出羽三山供養塔	新宿他三村	新田源俊純	尾島町	二〇〇頁
一八六〇	万延元年庚申十一月吉日	富士見村原之郷虚空蔵堂裏	庚申		新田義貞之嫡系源俊純	上州2	二二頁
一八六〇	万延元龍集庚申十一月穀旦	明和村上江黒宝寿寺	庚申	上江黒中世話人	新田源俊純	上州2	二五五頁
一八六〇	万延元年庚申皇紀穀旦	境町元町愛染院境内	庚申	一四名	新田義貞裔俊純	上州2	三二九頁

一八六二	文久二壬戌年八月二十二日	新田町高尾十字路西墓地	二十二夜塔	上高尾村女人講中	新田俊純	上州2　三七六頁
一八六二	文久二年壬戌九月穀旦	尾島町亀岡観音堂	二十二夜塔	当所本邑講中	源俊純	上州2　三七二頁
一八六二	文久二壬戌十一月	新田町金井明源寺跡墓地	馬頭観音	総邑中	新田俊純	新田町　二〇二頁
一八六三	文久三亥歳三日吉日	新田町金井金山神社	二十三夜塔	惣村中	新田俊純	新田町　一五五頁
一八六四	元治甲子十一月二十七日	尾島町阿久津稲荷神社境内	大国主神	講　中	新田俊純	上州2　三七五頁
一八六四	元治甲子年十一月	尾島町岩松常木	甲子塔	岩松村常木	新田俊純	尾島町　一五七頁
一八六四	元治甲子年十〔　〕吉日	尾島町出塚大和神社	甲子塔		新田俊純	尾島町　一五九頁
一八六七	慶応三丁卯歳十有一月廿二日	尾島町二ツ小屋墓地	二十二夜塔	女人講中総村中	新田俊純	上州2　三七三頁
		新田町下江田最勝寺	二十三夜塔		新田源俊純	新田町　一五五頁
		明和村矢島長楽神社	扁額「長楽大明神」		新田源道純	明和村　二三六頁
		明和村大佐貫長楽	扁額「正一位長楽大明神」		新田義貞之嫡□源俊純	明和村　二三六頁

〈典拠〉

『尾島町の石造遺物』尾島町誌資料集第二篇、尾島町誌編集委員会、一九七八年。

『新田町の石造物と金工品』新田町誌基礎資料第四号、新田町誌編さん室、一九八二年。

『明和村の金石文』明和村誌基礎資料第6号、明和村誌編さん委員会、一九八三年。

『伊勢崎の近世石造物』伊勢崎市、一九八五年。

『庚申塔と月待・日待塔（上州の近世石造物2）』群馬県教育委員会、一九八六年。

『石造物と文化財』渋川市市誌編さん委員会、一九八六年。
『藤岡市史資料編民俗』藤岡市史編さん委員会、一九八九年。

付表3　日記の中の染筆記事

	年月日	場所名	染筆物	依頼主	染筆名	典拠
1	一七四〇・四・八	上野国佐位郡茂呂村鎮守	正一位飯福大明神額	武野源左衛門	岩松慶純謹書	八三
2	一七五一・八・一	上野国群馬郡生原村鎮守	鹿嶋大明神額	生原村飯野新蔵		九四
3	一七五六・九・九	上野国佐位郡茂呂村鎮守	正一位飯福大明神額	中根村東勝寺	新田岩松源孝純謹書	九六
4	一七六七・八・一四	上野国前田村	正一位月波大明神額	妙高寺		一一五
5	一七七四・一〇・二	武蔵国埼玉郡村君村鎮守	正一位鷲宮大明神・	常木千手院		一二二
			正一位横沼大明神額			
6	一七七四・一二・一〇	上野国群馬郡大久保村鎮守	正一位三宮大明神額	神主竹内竜太夫		一二二
7	一七七五・六・一	上野国群馬郡惣社村	妙見天堂額	木崎町茂木軍蔵		一二三
8	一七七八・㊆・一三	武蔵国大里郡熊谷町大善院	妙見額			一二九
9	一七七八・九・二八	上野国新田郡沖野村	薬師堂額	木崎町茂木軍蔵		一二八
10	一七八四・一・二〇	武蔵国埼玉郡名村鎮守	八幡宮花表額	尾嶋の福田弥三郎		一四二
11	一七八六・三・一四	上野国山田郡茂木村	稲荷額	平塚村常八		一四六
12	一七八七・一〇・二七	上野国勢多郡荒屋村鎮守	八幡宮鳥居額	赤堀村中嶋左金次		一四九
13	一七八八・二・一八	上野国佐位郡境町	延命地蔵尊額	境町井上宗三		一五一
14	一七八八・二・二六	武蔵国羽生領村鎮守	鎮守額			一五二

15	一七九一・八・二三	上野国多胡郡馬庭村樋口十郎兵衛		馬庭村樋口十郎兵衛		一五五
16	一七九二・八・二九	上野国群馬郡生原村原新田庄兵衛屋敷	稲荷額	生原村原新田庄兵衛		一六〇
17	一七九九・七・九	相模国大山石尊	平塚村若者奉納太刀	平塚村田部井源兵衛		一八九
18	一八〇〇・一二・一〇	上野国新田郡備前嶋村茂兵衛	庚申の文字	備前嶋村茂兵衛		一九七
19	一八〇一・二・一一	上野国群馬郡大類村	額字	大類村村役人		二〇一
20	一八〇一・二・二九	武蔵国男衾郡本田村	春日大明神額	本田村教念寺		二〇一
21	一八〇二・二・二八	相模国高座郡磯部村	額字	千手院		二〇八
22	一八〇五・二・一三	上野国新田郡世良田村天王宮別当神宮寺	本地薬師如来旗三反掛ケ文字	世良田村女人講中	新田礼部徳純謹書	二一四
23	一八〇六・七・四	下野国都賀郡金崎村	愛宕山の額字	木崎町茂木軍蔵		二一六
24	一八〇六・七・五	下野国都賀郡小野寺村惣鎮守	八幡宮花表額	小野寺村取締役兼名主中田藤左衛門		二一六
25	一八〇八・㈥・二〇	上野国緑埜郡立石村	金比羅大権現へ奉納太々神楽額	勢多郡新間村		二二三
26	一八〇八・一一・二	羽前国湯殿山	本地仏の額	木食上人・木崎町茂木軍蔵		二二三
27	一八〇九・四・二八	上野国佐位郡境町	天王宮幟の文字	境町上町氏子中	新田礼部徳純謹書	二二三
28	一八一〇・八・一九	上野国緑埜郡緑埜村堀口伝兵衛屋鋪	正一位稲荷大明神額	緑埜村堀口伝兵衛		二二八
29	一八一〇・九・五	上野国群馬郡室田村	不動尊額	武蔵国高畠村穎能寺		二二八

30	一八一〇・一〇・九	上野国新田郡木崎町大通寺表門	柔術奉納額	木崎清蔵	三二八
31	一八一一・三・六	武蔵国足立郡桶川北の在上村伝左衛門屋鋪	鎮守八幡宮額	武蔵国足立郡桶川宿武笠惣兵衛	三三〇
32	一八一一・八・五	上野国碓氷郡板鼻宿	八幡宮へ奉納唐木綿の旗	大谷利吉	三三一
33	一八一三・五・二	上野国新田郡西赤堀村脇東大宝村	額字		三三六
34	一八一三・八・七	上野国碓氷郡板鼻宿	八幡宮奉納の幟(『奉献八幡武太神』)	板鼻宿備前屋利吉	三三七
35	一八一三・一二・一四	米山村	額字	碓氷郡秋間村神主佐藤駿河正	三三七
36	一八五一・一一・一〇	上野国新田郡堀口村	廿二夜塔女人講	堀口村秀	四〇七
37	一八五二・八・一六	上野国那波郡長沼村	八幡宮幟	中根芳之助	四二三
38	一八五二・八・一六	上野国佐位郡安堀村	熊野宮額	安堀村要次外一名	四二三
39	一八五二・九・二五	上野国新田郡木崎町	木崎大明神額	木崎赤石新右衛門伜	四二三
40	一八五三・一・二七	上野国群馬郡大八木村	廿二夜塔	正観寺村の者	四三〇
41	一八五五・六・二七	越後国頸城郡新井郷石塚村	八幡宮幟二本	石塚村多七	四五一
42	一八五五・六・三〇	武蔵国比企郡本宿村	鎮守白山幟	本宿村彦右衛門	四五一
43	一八五五・八・一一	武蔵国足立郡宝来村	神明天王幟二本		四五七
44	一八五五・九・五	矢島村	鎮守幟額	矢島村義兵衛	四五九
45	一八五五・一二・四	上野国新田郡亀岡村(軽浜)	白山額	軽浜村神主(「えた共の願い」)	四六二

46	一八五六・一・一七	大塚村	御獄山神号		四六四
47	一八五六・二・一一	武蔵国榛沢郡町田村	八幡宮幟額	常木与一	四六四
48	一八五六・七・二八	上野国佐位郡武士村	藤五郎屋敷稲荷	武士村藤五郎	四六九
49	一八五六・一〇・二五		八幡宮白鷺大明神額二枚	芳蔵	四七五
50	一八五六・一二・一三	福島村	稲荷の額		四七七
51	一八五七・一・二五	武蔵国足立郡上内野村	新田大明神	上内野村金次郎	四七九
52	一八五七・一・二七	武蔵国入間郡古谷上村	金比羅額	古谷上村勘蔵	四七九
53	一八五七・二・二五	上野国甘楽郡平村	御獄山石建立	平村磯右衛門	四八〇
54	一八五七・四・二一	上野国新田郡下田嶋村	石尊宮幟	下田嶋村金助	四八三
55	一八五七・㈤・一九	信濃国水内郡落影村	産神諏訪幟	落影村酒井市郎右衛門	四八四
56	一八五八・一・一〇	上野国新田郡三ツ木村	天王稲荷幟	三ツ木村久兵衛・安右衛門	五〇二
57	一八五八・二・二	信濃国小県郡上洗馬村	秋葉山額神号	上洗馬村硯商人善兵衛	五〇四
58	一八五八・二・一七	上野国新田郡平塚村	鎮守赤城宮へ中黒紋付提灯	平塚村源兵衛	五〇四
59	一八五八・二・二〇	上野国佐位郡伊与久村	諏訪宮飯玉宮額	伊与久村辰五郎	五〇四
60	一八五八・三・一四	上野国邑楽郡内蔵新田	馬頭観音	内蔵新田三郎兵衛	五〇五
61	一八五八・五・一一	上野国邑楽郡板倉村	天王宮幟	板倉村政兵衛	五〇七
62	一八五八・一〇・五	上野国新田郡前小屋村	庚申塔	前小屋村津右衛門	五一二
63	一八五九・二・一七		馬頭観音	善之進	五一六
64	一八五九・二・二八		諏訪額	富士山御師	五一六
65	一八五九・三・六	武蔵国秩父郡	石尊	秩父郡西光寺弟医師宮原玄中	五一七

66	一八五九・三・八	信濃国更級郡五明村	御獄山等神号	五明村芳之助	五一七
67	一八五九・四・一三	上野国新田郡高林村	御獄山幟	高林村長勝寺	五一九
68	一八五九・四・一六	上野国邑楽郡羽付村	白髭明神額	羽付村惣蔵	五一九
69	一八五九・四・一七	上野国勢多郡三俣村	御獄山神号	三俣村茂兵衛	五一九
70	一八五九・五・二〇	石木村（大間々在）	鎮守姫宮大明神額	石木村次郎兵衛	五二一
71	一八五九・九・一二	武蔵国埼玉郡上大越村	稲荷幟		五三〇
72	一八六〇・三・二〇	上野国新田郡安養寺村	庚申	安養寺村徳平	五三六
73	一八六〇・六・七		天王額	朝倉大和	五三六
74	一八六〇・六・七	甲斐国笛吹峠	御獄山講中提灯	笛吹峠茶屋	五四一
75	一八六〇・六・一三		御獄山神号	紀州三光坊	五四一
76	一六六〇・六・二三	下野国安蘇郡赤見村	庚申山	赤見村久七郎・浅右衛門	五四一
77	一八六〇・七・五	上野国新田郡脇屋村	信州八幡額紋付幕奉納	杉原彦八	五四三
78	一八六〇・七・八	上野国新田郡高林村	庚申塔	高林村秀	五四三
79	一八六〇・八・一五	上野国新田郡中根村	庚申二枚	関根久米	五四五
80	一八六〇・八・二八		御獄山神号数枚	西谷小源司倅	五四五
81	一八六〇・一〇・二	上野国新田郡裏尾島村	廿二夜	裏尾島知兵衛	五四八
82	一八六〇・一〇・四	上野国新田郡鳥山村	庚申	鳥山村折之助	五四八
83	一八六〇・一〇・一五	上江国村	庚申		五四八
84	一八六〇・一〇・一六	武蔵国榛沢郡台村	久伊大明神幟二本	久伊寺	五四八
85	一八六〇・一一・五	上野国新田郡下田嶋村	庚申		五四九
86	一八六〇・一一・一〇	小平村	庚申二枚	和田与太郎・島村左衛門	五四九
87	一八六〇・一一・一〇	武蔵国豊島郡石神村	庚申	世良田村忠兵衛	五四九

88	一八六〇・一一・一七	上野国新田郡平塚村	庚申	平塚村源兵衛		五四九
89	一八六〇・一一・二一	上野国甘楽郡七日市	庚申			五四九
90	一八六〇・一一・二四	上野国新田郡太田町	庚申			五四九
91	一八六〇・一二・一三	上野国新田郡中根村	庚申	中根村鶯三郎		五五〇
92	一八六〇・一二・一九	上野国佐位郡島村	御獄山・東照宮	島村左衛門		五五〇
93	一八六〇・一二・一九		庚申	助左衛門・伊右衛門		五五〇
94	一八六一・三・九		大黒天・庚申	植木屋		五五三
95	一八六一・三・一三	越後国刈羽郡平井村	白山額	桶屋（尾島の裏路）奥蔵		五五三
96	一八六一・四・一	上野国佐位郡伊与久村	庚申二枚	伊与久村安吉		五五六
97	一八六一・九・七		神明幟	西谷村卯八		五六四
98	一八六一・九・一八	上野国新田郡下田嶋村	三峯大権現	下田嶋村仁助		五六四
99	一八六一・一〇・一四	上野国邑楽郡三林村	庚申	三林村勇右衛門・弥惣次		五六六
100	一八六二・一・二四	上野国勢多郡飯土井村	稲荷幟			五六九
101	一八六二・二・九		馬頭観音	銀蔵		五七〇
102	一八六二・二・二八		廿二夜	岩松村千手院		五七〇
103	一八六二・七・一五	武蔵国幡羅郡間々田村	木曽大宮八幡宮額幕 提灯	間々田村倉二郎		五七五
104	一八六二・八・三〇	上野国新田郡大嶋村	近江大明神	常五郎外二人		五七八
105	一八六四・九・三		妙義山灯籠神号	妙義山神主佐藤筑後		五九七

注　群馬大学附属図書館新田文庫の「近世史料」より作成。「典拠」の数字は文書番号。「年月日」のマル数字は閏月を示す。

付表4　孝純・義寄・徳純への絵の依頼一覧表

	年月日	依頼主	絵の種類	仲介者	典拠
1	一七四〇・二・二三	上野国新田郡安養寺村宇兵衛	不動の絵		六一
2	一七四八・九・一〇	武蔵国江原村百姓小林幸右衛門	八幡宮画像	新田郡堀口村針医春栄	九四
3	一七六〇・一〇・六	上野国山田郡大間々町松原又右衛門	和歌三神の絵		一〇二
4	一七六四・四・一八	武蔵国児玉郡五十子村田所清兵衛清吉	鍾馗の絵一幅		一〇八
5	一七六五・一・一五		大横物雲龍・日鶴の絵	新田郡尾嶋牛込太郎右衛門	一一三
6	一七六五・二・二一	上野国新田郡安養寺村友右衛門	福禄寿棧子月代の下絵		一一三
7	一七六五・三・四		諏訪明神の下絵・神功皇后の向像下絵		一一三
8	一七六五・六・二三		神輿御扉の下桜の下絵・子安観音下絵		一一三
9	一七六五・六・二九		龍の下絵		一一三
10	一七六五・九・二八	上野国甘楽郡白倉村の女たち	天狗面の絵		一一三
11	一七六五・一〇・六	上野国新田郡惣持寺	屛風宝生山の絵		一一三
12	一七六五・一一・一二	上野国新田郡青蓮寺	宇佐八幡宮一遍上人霊夢像		一一三
13	一七六五・一一・一三		遊行柳の下絵・紅葉滝の下絵・横物竜の下絵		一一三
14	一七六五・一二・二		庚申の下絵・竜の絹地絵・松鶴の絵		一一三
15	一七六六・八・二	武蔵国児玉郡本庄宿真塩次右衛門	河浦半内誂の神名鷹の絵	奥羽国伊達郡	一一三

16	一七六六・八・二	上野国多胡郡黒熊村吉田仁兵衛	獅子鷹の絵二幅	桑折村次兵衛	一一三
17	一七七二・一・一三		弘法大師の像・四所明神の像下写		一二〇
18	一七七二・㊂・一一		黒熊頼観音の下絵・観音の絵下書		一二〇
19	一七七四・一〇・五	上野国多胡郡黒熊村吉田仁兵衛	観音の絵五枚		一二一
20	一七七四・一一・一二	上野国多胡郡黒熊村吉田仁兵衛	三十三番の観音の絵		一二一
21	一七七七・一一・二	上野国新田郡高岡村小西屋	大黒の絵一枚	都柳	一二七
22	一七七八・㊆・二三	下野国足利郡足利常念寺	薬師・十二神画像二幅	青蓮寺	一二九
23	一七七八・九・一一	武蔵国児玉郡北堀村庄田武左衛門・榛沢郡榛沢村四郎左衛門	八幡の画像		一二九
24	一七七八・九・一四	上野国新田郡太郎右衛門	富士の絵		一二九
25	一七七八・一〇・二〇	南部菩提山宝蔵院	富士の絵一枚		一二九
26	一七七八・一一・一〇	上野国新田郡惣持寺心城法印	廿三夜絵		一二九
27	一七七九・八・一四	上野国山田郡境野村専蔵	墨絵（左右鐘馗梅）		一二八
28	一七八二・六・二	田安老女神崎殿	大黒・人麿・雲竜採色三幅		一二九
29	一七八二・八・一二	上野国多胡郡八田村八田坊	不動尊像墨書	黒熊村吉田仁兵衛	一二九
30	一七八二・一〇・二七	上野国新田郡赤堀村中嶋弥十郎	三幅対の中鐘馗墨絵・左登り竜・右降竜		一三九
31	一七八二・一一・一〇	森尻右馬丞	大黒絵・子安観音の絵		一三九
32	一七八三・三・一二	上野国新田郡三ツ木村板屋根屋	大黒天の絵		一三九
33	一七八四・三・六		鐘馗の下絵		一四三
34	一七八四・三・一八	上野国山田郡広沢村毒嶋新助	竜の絵		一四三
35	一七八四・五・二三	上野国新田郡下田嶋村蓮台寺	高野四所明神像・弘法大師像		一四三

36	一七八四・一一・一二		鍾馗の絵一幅		一四三
37	一七八四・一一・二三	上野国新田郡尾嶋町星野三右衛門	大黒の絵一幅		一四三
38	一七八五・三・一一	臼井御師左仲・赤城の桜井能登守	向鍾馗一幅・寿老人絵		一四五
39	一七八五・三・一五	下野国都賀郡幡張村願成寺	大黒天		一四五
40	一七八六・三・二〇	上野国新田郡太田町木菜屋	大黒天		一四七
41	一七八六・五・一	上野国新田郡平塚村常八	鍾馗の絵		一四六
42	一七八六・一〇・二三	奥羽国伊達郡桑折町次兵衛	鍾馗の絵・大黒の絵		一四六
43	一七八七・一・九	上野国新田郡尾嶋町藤右衛門	「猫の用事」（猫絵？）		一四九
44	一七八八・一・一〇	上野国新田郡世良田村辻ノ新蔵	大黒天		一五一
45	一七八八・三・二	上野国新田郡尾嶋町なつ	大黒天尊像		一五一
46	一七八八・四・二四〜五・七		多数の大黒天の絵		一五一
47	一七八八・五・二三	上野国山田郡広沢村毒嶋銀平	墨絵鍾馗		一五一
48	一七八八・五・二五	上野国新田郡岩松八幡宮山城	甲子大黒天の絵		一五一
49	一七八八・七・四	上野国新田郡尾嶋町中沢庄八	大黒天尊像		一五一
50	一七八八・九・五	上野国新田郡押切村助兵衛	子の目・大黒天の絵	尾嶋町玄栄	一五一
51	一七八八・九・二三	上野国勢多郡花輪村彫物師	大黒絵	尾嶋町玄栄	一五一
52	一七八八・一一・六	上野国新田郡平塚村源兵衛・世良田村安之都・尾嶋町医玄栄	大黒天の尊像		一五一
53	一七八九・一・七		近辺の民家の者の大黒天を熱望する		一五三
54	一七八九・一・二八	信濃国佐久郡春日村岡部大吉		権蔵	一五三
55	一七八九・三・七		子待大黒天絵六枚		一五三
56	一七八九・三・一三		甲子大黒天五枚		一五三

57	一七八九・五・七	武蔵国幡羅郡間々田村左市・上野国新田郡粕川村定右衛門	大黒尊像	安都	一五三
58	一七八九・五・二〇	上野国新田郡岩松村の安兵衛外	甲子大黒尊像		一五三
59	一七九一・六・三〇	武蔵国榛沢郡成塚村百姓	猫絵		一五五
60	一七九一・一一・二七	上野国新田郡安養寺村泉屋	松尾大明神画		一五六
61	一七九二・二・二三	下野国都賀郡幡張村茂吉	ふくさ絵三枚		一五八
62	一七九二・㊂・一五	上野国勢多郡紅雲村百姓二人	猫の絵書		一五八
63	一七九二・三・一五	上野国新田郡前小屋村百姓	猫の絵		一五九
64	一七九二・三・二五	上野国甘楽郡新谷村伝次郎	猫の絵		一五九
65	一七九二・三・二六	上野国新田郡尾嶋町藤右衛門・佐位郡境町井上宗三	猫の絵		一五九
66	一七九二・三・晦	上野国勢多郡長磯村惣九郎	猫の絵		一五九
67	一七九二・四・二	上野国新田郡赤堀村中嶋右源太	猫の絵		一五九
68	一七九二・四・一九	上野国新田郡下田嶋村名主要蔵	竜の絵一枚		一五九
69	一七九二・七・二	武蔵国榛沢郡深谷宿十一屋	猫の絵	尾嶋町藤右衛門	一六〇
70	一七九二・七・九	上野国新田郡岩松村伴之介	墨絵三水一幅・同鷹の堅物一幅		一六〇
71	一七九四・三・一三	武蔵国幡羅郡三ケ尻村長谷川平蔵	村鎮守祭礼屋台のはめ板の絵	猪軍太	一六五
72	一七九四・五・二三	上野国邑楽郡小泉村清右衛門	猫の絵五枚		一六五
73	一七九五・一・一三	上野国勢多郡真壁村友	掛ケ物奇徳神・八将神二字		一六七
74	一七九九・三・二三	武蔵国幡羅郡妻沼宿金兵衛妻子	猫の絵外		一八九
75	一七九九・五・二	武蔵国幡羅郡玉ノ井村藤十郎	猫の絵		一八九
76	一八〇〇・八・二九	上野国新田郡阿久津村利右衛門	大黒天の絵		一九七

77	一八〇一・三・二五	上野国甘楽郡南蛇井村藤右衛門	猫の画	千手院	二〇一
78	一八〇二・五・一一	信濃国小本金久院	画一〇枚		二〇八
79	一八〇二・五・一六	武蔵国榛沢郡岡村田嶋良助	絹地画		二〇八
80	一八〇二・五・二七	武蔵国秩父郡般若村	鐘馗一枚		二〇八
81	一八〇二・六・一	上野国新田郡亀岡村善太夫倅熊蔵	絹地の画江戸表（神田明神下待紋師屋新十郎）への表具		二〇八
82	一八〇二・一〇・一三	上野国大串村永寿寺	画八枚	天人寺	二〇八
83	一八〇二・一〇・一四	上野国新田郡平塚村田部井栄八郎	摩利支天極彩色の画		二〇八
84	一八〇二・一〇・一七	武蔵国榛沢郡岡村田嶋長五郎・高麗郡中山村善左衛門	絹地彩色二画		二〇八
85	一八〇二・一一・一三	下野国古賀	摩利支天		二〇八
86	一八〇三・三・五	信濃国種売	猫の絵三枚	安養寺八十次	二〇九
87	一八〇四・四・二八	代官稲垣藤四郎殿	菊の画		二一一
88	一八〇五・九・三〇	上野国新田郡木崎穀屋藤左衛門	大通寺金比羅の合天井板竜の画	茂木軍蔵	二一四
89	一八〇七・九・二	大桑清六	地頭所より頼の絹地山水の画		二一九
90	一八〇八・二・一四	会津屋根屋大屋	自画一幅		二二三
91	一八〇八・二・八	武蔵国埼玉郡岩槻の在小湯村名主	鐘馗大黒二幅		二二三
92	一八〇八・八・八	上野国群馬郡伊香保村小暮金太夫	猫の絵二幅		二二三
93	一八〇八・一一・一三	上野国新田郡木崎宿	甲子につき大黒天二枚		二二三
94	一八一〇・四・七	武蔵国男衾郡本田村本田喜兵衛	猫の絵		二二五
95	一八一〇・九・一七	茂右衛門	猫の画二幅		二二八
96	一八一〇・九・二六	奥州種売	絹地鐘馗の画	二ツ小屋代助	二二八
97	一八一一・四・一八	上野国新田郡世良田村亘	猫の絵一枚		二三〇

98	一八二一・六・一	木崎軍蔵	猫の絵二枚		二三〇
99	一八二一・七・二四	信濃国上田塩尻の弥市	鐘馗の画	安養寺八十次	二三〇
100	一八二一・八・二六	上野国緑埜郡伝兵衛	絹地三幅（彩色八幡宮一・猫一・布袋一）	尾嶋藤右衛門	二三一
101	一八二三・三・九	上野国新田郡妙高寺・孫左衛門	猫の画（妙高寺）・大黒天画（孫左衛門）		二三六
102	一八二三・五・八	岩松甚兵衛	猫の画願		二三六
103	一八二三・九・一五〜一〇・八	信州道中の町村	墨画・猫・鐘馗・福禄寿など三〇七枚		二四一
104	一八一七・八・八	武蔵国忍の在関根三右衛門	鐘馗一幅		二五三
105	一八二四・一一・八	信濃国佐久郡八幡宿紋左衛門・同郡片倉村宗蔵	鍾馗（絹地）一枚・猫一枚・大黒天一枚	京屋栄蔵	二七七
106	一八二四・一二・六	武蔵国入間郡川越町喜兵衛	猫の御画二枚	京屋栄蔵	二七七

注　群馬大学附属図書館新田文庫の「近世史料」より作成。「典拠」の数字は文書番号。「年月日」のマル付数字は閏月を示す。

付表5　岩松氏の除札一覧表

	年月日	国郡村名	依頼人	依頼内容と下付物	趣意金	典拠
1	一七六七・二・九	上野国新田郡下田嶋村	門前孫右衛門・彦猪八	疱瘡咒・疱瘡守		一一五
2	一七八五・一・二七	上野国新田郡平塚村	清治の妻	狐憑除の咒の願いにつき草履を遣す		一四五
3	一七九一・九・二七	上野国勢多郡米野村	吉右衛門	娘乱心のため当家秘法の「きうてん」を遣す		一五六

4	一七九三・二・五	武蔵国多摩郡石畑村	百姓孫兵衛	当家の祓方即功散を貰いに来る		八八四
5	一七九三・二・二三	上野国邑楽郡北大嶋村		狐憑の除のため草履を貰いに来る		八八四
6	一七九三・四・二四		二人	疫神除遣す		一六三
7	一七九五・一・一三	上野国勢多郡真壁村	友	疫神除一七枚と奇徳神八将神二字を遣す 義寄が赤城入湯の際足痛に対してまじないをしたことを感謝される	ほどむら二〇〇枚	一六七
8	一八〇〇・三・二〇	安中藩家中（中間使）	厚見某	疱瘡流行につき守りを貰いに来る		八七九
9	一八〇〇・四・二	武蔵国秩父郡熊木村		疫神除字二枚遣す		八七九
10	一八〇〇・四・三〇	上野国新田郡尾島町	吉田屋弥兵衛	狐憑のため草履を貰いに来る		八七九
11	一八〇〇・㈣・八	上野国新田郡下田嶋村	四郎左衛門	知行所百姓へ疫神除札を遣す	鰹節二本	八七九
12	一八〇〇・一〇・四	下野国安蘇郡大戸村	百姓	疫神除文字		一九七
13	一八〇九・四・二五	武蔵国比企郡泉井村	平井幸七	隣村釜形村の女狐憑のため草履遣す		二三三
14	一八一〇・三・一八	武蔵国幡羅郡玉の井村	並木清蔵	久保伊左衛門娘狐憑のため「気違い」につき「有難き物」を貰いに来る		二三五
15	一八一〇・一一・一〇	武蔵国豊島郡滝野川村	名主庄兵衛	喜左衛門倅初次郎狐憑のための札を貰いに来る、病難除札一枚遣す		二一八
16	一八一一・四・一八	上野国新田郡世良田村	亘	疫神除五枚遣す		二三〇
17	一八二四・六・三	上野国勢多郡小室村	百姓吉兵衛	娘狐憑のため御守と草履を遣す		二七三
18	一八二四・七・一八	武蔵国秩父郡名栗村	常八	常八の親と弟が長病のため御膳を遣す	二〇〇疋	二七三
19	一八五一・九・一三	上野国勢多郡南雲村（長井小川田村）	百姓市之丞・小左衛門	四足退散二枚・厄神除二枚遣す	二〇〇疋	四〇七
20	一八五四・一・一九	上野国勢多郡上泉村		疫神除遣す	三〇〇疋	四三八

21	一八五四・三・六	上野国勢多郡市之坪村		疫神除四枚・「けがせしめざる候寸」五枚遣す	四〇〇疋	四三八
22	一八五四・三・七	上野国勢多郡小嶋田村	二人	疫神除遣す	三〇〇疋	四三八
23	一八五四・四・一	上野国勢多郡前橋在	二人	疫神除四枚遣す	四〇〇疋	四三八
24	一八五四・四・一	上野国勢多郡長磯村	友次郎（使）	疫神除三枚遣す	二〇〇疋	四三八
25	一八五四・六・七	上野国利根沼田在		尾崎狐憑につき退散願いを書く、高香飯遣す	五〇疋	四三八
26	一八五四・七・一四	武蔵国秩父郡皆野村	五人	疫神除五〇枚・疱神除五枚遣す	金二分五〇〇文	四三八
27	一八五五・三・七	武蔵国入間郡越生村	田嶋又作組下百姓妻	疫神除・箸と高盛飯遣す	四〇〇疋	四四九
28	一八五五・三・二二	武蔵国秩父郡阿賀野村		疫神除四足退散高盛飯遣す	一〇〇疋	四四九
29	一八五五・八・二二	信濃国更級郡竹房村	百姓七郎右衛門	疫神除遣す	二〇〇疋	四五七
30	一八五六・四・八		日向作左衛門	狐の毛のため四足退散・大小二葉・黒方（薫物）遣す	二朱	四六五
31	一八五六・四・二七	信濃国		高盛飯遣す	鳥目一〇〇疋	四六五
32	一八五六・六・二二	五十部		小児一人同道鎮守山疱瘡神へ参詣、疫神除符一枚遣す	一〇〇疋	四六八
33	一八五六・六・一五		庄次郎	疫神除二枚遣す		四六八
34	一八五六・八・九	上野国佐位郡伊勢崎		疫神除札	一〇〇疋	四七三
35	一八五七・一・二五	武蔵国秩父郡小鹿野村	長次郎	四足退散六枚遣す	一両	四七九
36	一八五七・六・一二	上野国勢多郡南雲村	銀蔵・権兵衛	四足退散二枚遣す	二〇〇疋	四八八

37	一八五七・六・一四	上野国邑楽郡館林在	二人	病神除二枚遣す	二〇〇疋	四八八
38	一八五七・六・一五	三河国	一人	疫神除一枚遣す	一〇〇疋	四八八
39	一八五七・六・一七〜七・二	上野国吾妻郡草津		疫神除・四足退散多数、俊純草津湯治の際各地で配布する		四八九
40	一八五七・八・一四	上野国勢多郡南雲村	松太郎	「尾先狐一条」についての内済願い	五〇疋	四九三
41	一八五七・九・七	上野国勢多郡棚下村	重次郎	四足退散一枚遣す	一〇〇疋	四九五
42	一八五七・九・七	上野国勢多郡市之木場村	半兵衛	四足退散一枚遣す	一〇〇疋	四九五
43	一八五七・一二・一	上野国新田郡朝山村	折之助ら五人（小児同道）	疱瘡神へ拝礼		四九九
44	一八五七・一二・二四	上野国新田郡下田嶋村		疫疾払いのまじないのために水を取らせる		四九九
45	一八五八・三・六	上野国新田郡尾島町	京屋伊兵衛	四足退散二枚遣す	一〇〇疋	五〇五
46	一八五八・四・八			まじないのための湯立（諸病を払い老に耐えるため）		五〇六
47	一八五八・五・九	上野国勢多郡女淵村	伊三郎	疫神除二枚遣す		五〇七
48	一八五八・六・一四	武蔵国秩父郡高山村	亀吉	四足退散一枚・高盛飯遣す	一〇〇疋	五〇八
49	一八五八・六・二二	上野国勢多郡石関村	市蔵外三人	疫神除一〇枚遣す	青蚨一貫疋	五〇八
50	一八五八・八・二二	上野国新田郡下田嶋村		疫病除のまじないを表裏門で行う（天狗円扇の葉一枚、杉葉、とうからし、赤紙一枚、都合四品門口へ吊す）		五一〇
51	一八五八・九・一九	上野国新田郡二ツ小屋村	女	高盛飯遣す		五一一

52	一八五八・一二・二二	奥州	六部の者	高盛飯遣す	一〇〇疋	五一四
53	一八五八・一二・二二		長清	四足退散半切一枚遣す		五一四
54	一八五九・三・二四	武蔵国入間郡越生村	民蔵	半切四足退散四枚（越生村田嶋又作紹介）	二〇〇疋	五一七
55	一八五九・八・九	上野国勢多郡南雲村	佐十郎	疫神除四枚遣す	五〇疋	五二九
56	一八五九・八・九	上野国新田郡下田嶋村	仁助	疫神除八枚遣す	五〇疋	五二九
57	一八五九・九・一六	上野国新田郡下田嶋村	関根久米妻の姉	疫神除二枚		五三〇
58	一八五九・九・二二	武蔵国比企郡玉川村	清八	四足退散一枚・高盛飯遣す	三〇〇疋	五三〇
59	一八五九・一〇・一九	上野国勢多郡棚下村	半兵衛	四足退散半切一枚	一〇〇疋	五三一
60	一八五九・一一・二	上野国利根郡川場村	勘右衛門	四足退散一枚	一〇〇疋	五三二
61	一八五九・一一・二	上野国新田郡下田嶋村		眼病流行につき薬師へ眼病のがれのため「眼」の字を納める		五三二
62	一八六〇・㊂・五	上野国勢多郡棚下村	太郎右衛門	四足退散一枚遣す	一〇〇疋	五三八
63	一八六〇・㊂・二二	上野国勢多郡三原田村	十兵衛	高盛飯遣す	半紙一包	五三八
64	一八六〇・四・四		夏	小児の夜なきまじないの歌一葉・高盛飯遣す		五三九
65	一八六〇・五・二	上野国新田郡下田嶋村	家来・惣百姓	最近疫病流行につき家来・惣百姓へ疫神除遣す		五四〇
66	一八六〇・一〇・一八	上野国山田郡深沢村	門二郎	鎮守山疱瘡神へ参詣　疫神除五枚遣す	五〇〇疋	五四八
67	一八六〇・一一・五	上野国利根郡原村	吉兵衛	四足退散一枚遣す	一〇〇疋	五四九
68	一八六〇・一一・七	上野国勢多郡棚下村	善左衛門	四足退散一枚遣す	一〇〇疋	五四九
69	一八六一・一・七	上野国勢多郡花輪村		疫神除二枚・高盛飯遣す	二〇〇疋	五五一

70	一八六一・四・五	上野国新田郡下田嶋村		百姓卯之吉倅に治王等虫のまじないをさせる		五五六
71	一八六一・六・一八	武蔵国入間郡上広谷村	浅次郎	疫神除一枚遣す	一〇〇疋	五五九
72	一八六二・三・二六	因幡国岩井郡浦富	日下部五八郎	疫神除二枚遣す		五七一
73	一八六二・四・一七	武蔵国比企郡新原村	林蔵	疫神除一枚遣す	一〇〇疋	五七二
74	一八六二・四・二七	上野国新田郡下田嶋村		「星悪候につき」病難虫難除祈念を下野に申付る		五七二
75	一八六二・七・一三	上野国新田郡下田嶋村		最近はしか流行につきまじないをする（ばせおの葉を煎じる）		五七五
76	一八六二・七・二三	上野国新田郡下田嶋村		月岡下野はしかまじないの歌を持参		五七五
77	一八六二・八・一三	上野国勢多郡川額村	金弥	四足退散一枚・虫封守遣す	二〇〇疋	五七八
78	一八六二・八・一四	上野国新田郡安養寺村	徳平	「悪魔退散」と認めた書三枚を遣す		五七八
79	一八六二・八・一三	上野国新田郡下田嶋村		ハシカの予防のために井戸に蓋をする、四ツから八ツまで外出禁止の触がでる		五七八
80	一八六二・㈧・二三	上野国勢多郡南雲村	百姓三人	「尾先狐一条」につき領主役場へ出願四足退散四〇枚遣す、四足退散を村中残らず所持することで内済が成立	一〇両	五七九
81	一八六二・㈧・二八	上野国勢多郡津久田村	作兵衛	四足退散一枚遣す	一〇〇疋	五七九
82	一八六三・六・一	上野国新田郡堀口村	母小児一人同道	疱瘡咒のために「踏呉」を依頼され守護の札遣す		五八八
83	一八六三・六・一五	上野国勢多郡原ノ郷	香五郎	四足退散二枚遣す	一〇〇疋	五八八
84	一八六三・六・二五	上野国新田郡前嶋村	菊女小児一人同道	疱瘡咒のため「踏呉」を依頼され、踏む		五八八

85	一八六三・九・七	甲斐国百々村	弥一兵衛伜	猿の憑物のため新田大明神神主に平癒の祈願と四足退散書を依頼		五八八
86	一八六四・六・一五	上野国勢多郡南雲村	佐十	疫神除一枚遣す	一〇〇疋	五九七
87	一八六四・八・一八	上野国勢多郡棚下村	十右衛門	四足退散一枚遣す	一〇〇疋	五九七
88	一八六四・九・一二	上野国勢多郡南雲村	七郎兵衛	四足退散一枚遣す	一〇〇疋	五九七
89	一八六四・九・一七	上野国勢多郡南雲村	七郎兵衛	狐不退につき狐退散のために「薫少野勢の黒札」遣す		五九七
90	一八六四・一一・二八	上野国勢多郡南雲村	七郎兵衛	病人快気につき札を返却礼に来る、伜の「おさき狐付」大病につき先頃四足退散・「野勢のくろ札」を貸遣す。		五九八
91	一八六五・㊄・一	上野国勢多郡南雲村	百姓一人	四足退散一枚、俊純の「衣服の切」遣す	二〇〇疋・青蚨一〇〇疋	五九八
92	一八六五・六・一五	上野国勢多郡南雲村	四人	疫神除一枚遣す	銀一朱	六〇四
93	一八六五・七・五	上野国勢多郡南雲村	二人	「尾先狐退散」のため札一枚貸遣す、薫少々遣す	一〇〇疋	六〇四
94	一八六五・一三・一六	上野国勢多郡棚下村	二人	疫神除九枚遣す	青蚨九〇〇疋	六〇七
95	一八六六・一・二一	上野国新田郡尾島町	女四人	疫神除四枚遣す	四〇〇疋	六〇七
96	一八六六・一・二三	上野国新田郡尾島町	女二人	疫神除二枚遣す	二〇〇疋	六〇七
97	一八六六・一・二三	上野国新田郡尾島町	女五人	疫神除五枚遣す、鎮守山疱瘡神へ参詣	五〇〇疋	六〇七
98	一八六六・一・二七	上野国新田郡尾島町	女四人	疫神除四枚	三〇〇疋	六〇七
99	一八六六・一・二九		銀蔵	疫神除四枚遣す	一〇〇疋	六〇七

100	一八六六・一・二九	上野国新田郡尾島町	女二人	疫神除二枚遣す	二〇〇疋	六〇七
101	一八六六・二・四	上野国新田郡赤堀村	女三人	守三枚遣す	三〇〇疋	六〇七
102	一八六六・二・二五	武蔵国秩父郡		即功散二包、高盛飯遣す	三〇〇疋	六〇七
103	一八六六・三・二〇	上野国新田郡世良田村	男女小児一六人	守一六枚遣す	銭一貫六〇〇文	六〇七
104	一八六六・五・三	上野国新田郡堀口村	一人	疫神除一枚	一〇〇穴	六一〇
105	一八六六・六・六	上野国新田郡尾島町	女二人	疫神除二枚遣す	青蚨二〇〇穴	六一〇
106	一八六七・一・一九	上野国新田郡堀口村	二人	疫神除二枚	二〇〇穴	六一〇

注　群馬大学附属図書館新田文庫の「近世史料」より作成。「典拠」の数字は文書番号。「年月日」のマル付数字は閏月を示す。

付表6　岩松屋敷への駆込み年表

	年月日	国郡村名	名前	目的	駆込み場所	経過と岩松氏の対応（引用史料）
1	一七六一・一・一〇	上野国勢多郡女淵村	女	離縁	屋敷	親元を不義にて出奔し、鳥山村で奉公、下の沖村実惣寺に夫婦で匿われる。夫が打擲するようになり、一人で出奔し木崎町江戸屋清兵衛に避難し寺へ引き渡され、また抜け出した。断わり帰す。（一〇三）
2	一七六四・一〇・一八	上野国緑埜郡藤岡在	若者	駆落	茂平次宅	若者が「かくまいくれ」と申し甚五郎が取り次ぎ、茂平次宅へ呼び入れたが、文次を派遣して断わり帰す。（一二一）
3	一七八四・八・二七	上野国新田郡赤堀村	中島右源太妹	離縁	屋敷	中島右源太の妹の久は中島左金次へ嫁いだが、離縁のため手もとに置くことが出来ないので、右源太から暫く預

			久			かってくれるよう依頼され預かる。右源太は出入りの者。（一四二）
4	一七八五・七・二五	上野国新田郡中江田村	女子	駆込	屋敷	不明。（一四四）
5	一七八六・二・二七	上野国緑埜郡男鬼石町・女白塩村	女もん	駆落	金井三次	男は林蔵へ引渡す。女は屋敷へ奉公したいと言うが、いったん金井三次へ預ける。家来の小幡猪軍太を女の親元へ派遣する。女を兄郡内・親郡蔵に引き渡す。後日女の兄が音物を持って礼に来るが断わる。（一四六）
6	一七八六・五・一〇	下野国足利郡田嶋村	女子	離縁	家来猪軍太	猪軍太を女の在所へ派遣する。女の親の組の者へ引き渡す。（一四六）
7	一七八九・七・二三	上野国邑楽郡小泉村	源兵衛親類の女	離縁	屋敷	源兵衛が女を一四、五日預ってほしいことを依頼、預かる。八月一六日に迎えに来る。（一五三）
8	一七九一・一・二三		女都路	駆込	屋敷	預かる。軍蔵が受取りに来る。木崎町軍蔵の世話。（八七八）
9	一七九一・二・一四				屋敷→宿	最初預かり、その後女子を宿へ下げる。梁瀬の世話。（八七八）
10	一七九二・二・一六	上野国勢多郡二ノ宮村	和三郎妻	離縁	屋敷	足軽を夫和三郎の親類へ派遣、村役人・和三郎・親類・五人組が引き取りに来る。（一五八）
11	一七九三・二・三	上野国新田郡木崎町	茂木郡蔵娘	故有り	屋敷	当分預かる。（八八四）
12	一七九四・五・二〇	下野国都賀郡片柳村	女	離縁	屋敷	女の親へ引き渡す。（一六五）

13	一七九四・七・五	上野国新田郡長岡村	新右衛門娘	嫁盗みへの防御	屋敷	若者たちがこの女を盗みに来るというので、毒嶋官方へ預け、さらに岩松氏へ預ける。預かる。	(一六六)
14	一七九八・七・二九	下野国梁田郡和泉村	市右衛門妻いな	離縁	屋敷↓小幡	家臣亀岡伊兵衛を和泉村へ派遣し、村役人・親類・五人組・母五人が来る。五人へ引き渡す。	(一八三)
15	一七九九・一・二六	武蔵国幡羅郡江原村	女	離縁	屋敷	断わり帰す	(一八九)
16	一七九九・七・二三	武蔵国幡羅郡玉ノ井村	赤木新五兵衛	婿養子の故障	屋敷	新五兵衛の娘を少しの間預かる。	(一八九)
17	一八〇〇・八・五		女	駆込(奉公願)	四郎左衛門	尾嶋村四郎左衛門宅に駆込み、岩松屋敷での奉公を願い出る。女の親が来て、断わり帰す。	(一九七)
18	一八〇〇・九・一一	上野国勢多郡荻窪村	女	離縁	四郎左衛門	足軽藤左衛門を派遣して名主・夫・組頭を連れて来る。夫方へ引き渡す。	(一九七)
19	一八〇一・三・一七	上野国新田郡台ノ郷村	助右衛門女房トヨ	離縁	軍助	台ノ郷村役人・親類・夫を呼出し引き渡す。トヨは新田郡新島村名主伊右衛門の娘。	(二〇一)
20	一八〇二・一一・三	武蔵国幡羅郡間々田村	鈴木磯次娘	内々故障	屋敷	内々に預かる。尾嶋要右衛門の願い。	(二〇八)
21	一八〇五・六・六	上野国山田郡桐生	女子		屋敷	預かる。太田町本島自柳の世話。	(二一四)
22	一八五一・一二・一七	上野国利根	男女	駆落	屋敷	不明。	(四〇七)

23	一八五一・一二・一八	上野国邑楽郡花咲村	男女	駆落	屋敷	両人へ健次郎を派遣、引き取り者へ引き渡す。挨拶金六〇〇疋。（四〇七）
24	一八五二・㊁・二〇	下野国新里村	女	離縁	屋敷	様子を糺し「故障」があるので断わるが、惣蔵が京屋庄五郎を通じて強く願ったので預かる。文蔵を新里村の名主へ派遣し、女の叔父・親類の二人が引き取る。挨拶金一〇〇疋。羽付村惣蔵の世話。（四一二）
25	一八五二・四・一三	上野国邑楽郡羽付村	定蔵	縁組女を召連る	屋敷	断わる。（四一三）
26	一八五四・七・九	下野国安蘇郡船津川村	茂八妻すみ	離縁	屋敷	啓之助を船津川村へ派遣、書付とすみ方への離縁状を取って来る。離縁成立。閏七月二日すみを惣蔵へ引き渡す。趣意金二両岩松へ祝三分、家来へ一分。羽付村惣蔵の世話。（四三八）
27	一八五四・㊆・一九	下野国安蘇郡赤見村	久右衛門妻たつ	離縁	屋敷→尾嶋京屋	家臣の名前で離縁に取り扱うように手紙を添えて、広瀬啓之助を赤見村へ派遣し、女を尾嶋の京屋へ旅宿させる。離縁が成立し、二八日に京屋へ赤見の女方より引き取りに来て、済方証文を取置く。挨拶金二〇〇疋。羽付村惣蔵の世話。（四三八）
28	一八五五・四・一三	上野国邑楽郡北大嶋村	文五郎妻あさ	離縁	屋敷	啓之助が村方名主へ掛合、離縁を成立させる。五月三日に女の伯父と惣蔵が引取の書付を取置、引き取る。岩松俊純へ趣意金二分、挨拶金二分、家来へ一分。羽付村惣蔵の世話。（四四九）

29	一八五五・六・三	上野国新田郡内嶋村	銀兵衛娘きさ	離縁	尾嶋勘右衛門→屋敷	きさは離縁のため尾嶋勘右衛門へ駆込み、屋敷に留置する。銀兵衛方へ文蔵を派遣、銀兵衛の親類が引き取る。（四五一）
30	一八五五・六・一五	武蔵国幡羅郡西条村	百姓八百八倅平三郎	勘当	屋敷	平三郎が父親から勘当されたのを理由に家出して屋敷に駆込む。文蔵を村方名主へ派遣、西条村から名主代と組合鶴蔵浦吉が平三郎を引き取りに来る。引取書付をだす。（四五二）
31	一八五五・一二・一五	上野国新田郡平塚村	弥七	連出	屋敷→名主庄蔵	中瀬村安兵衛の娘を連出し、女同道で駆込。平塚村名主方へ派遣、引き取りのため親類・組合が来るが、落着するまで置くよう願い出るので、弥七と女を下田嶋村名主庄蔵へ預ける。内輔を中瀬村へ派遣、弥七と女引き取りのため、両村へ引き渡す。中瀬村安兵衛から礼金一〇〇疋。（四六二）
32	一八五五	上野国群馬郡島野村	和助娘はま	離縁	屋敷	島野村庄三郎の伜捨松の妻はまは、離縁のため家出して実家へ帰り、その後屋敷へ駆込み留置。家臣を島野村へ派遣し離縁が成立。
33	一八五六・二・二三	下野国梁田郡新明村	女	駆込	屋敷	雄の知合いの者が頼って来たので留置。表向きは雄宅へ差し置くことにした。（四六四）
34	一八五六・三・一四	上野国群馬郡矢嶋村	女	離縁	忠兵衛	岩松氏に離縁の取扱を願う。忠兵衛方へ差置、夫方へ派遣し、夫方村役人と親類が来る。双方の親に対して久米が糺し、離縁を決める。女の兄より一〇〇疋、男父より一〇〇疋趣意金。（四六五）
35	一八五六・六・二三		女	離縁	屋敷	差置。世良田忠兵衛と同道。（四六八）

36	一八五六・六・二五	武蔵国那賀郡猪又村	富太郎	悪事	屋敷	差置を願う。八州廻りより内々問い合わせもあり断わる。武蔵国用土村又兵衛の世話。(四六八)
37	一八五六・七・二一	上野国新田郡太田町	本島自柳娘		屋敷	七月四日に自柳が娘を預かってくれるように依頼され許可する。二一日に本島自柳が連れてくる。菓子一折の御礼あり。(四六九)
38	一八五六・九・二一	武蔵国埼玉郡下新郷村	惣左衛門娘よし	離縁	屋敷	又右衛門が同道し、「亭主身持よろしからざる」につき離縁のための駆込を願う。縁付け先埼玉郡北根村三蔵の倅新五郎白砂糖一袋、尾嶋孝作、武蔵国埼玉郡須影村又右衛門同道(四七四)
39	一八五六・一〇・一四	上野国群馬郡高崎町	女	離縁	屋敷	忠兵衛が駆込女・親類を同道させて一泊する。一五日に親類は帰り、啓之助を派遣して駆込女の再縁を掛合ったが不成立となり、女に離縁の意見を加え同意する。持参金・女衣類道具等女の里磯部村某方へ引き取る。忠兵衛の世話。(四七五)
40	一八五七・二・一〇	上野国那波郡玉村宿	三代蔵妻ます	離縁	世良田忠兵衛	岩松氏に離縁の世話をしてもらうように忠兵衛に依頼。忠兵衛・啓之助を三代蔵へ派遣し、離縁の掛合をした。二月一八日に三代蔵が名主同道で来く、女より離縁金を出すことで内済が成立した。世良田忠兵衛の世話。(四八〇)
41	一八五七・四・一八	上野国群馬郡嶋野村	某伜	勘当		勘当になった伜の詫びのため世良田兗作・善之進を派遣した。もし詫びを聞き入れない場合は許して返すか返さないかを聞いてくれるように某より願い出る。世良田忠兵衛の世話。(四八三)
42	一八五七・五・一三	下野国安蘇	孫四郎	離縁	屋敷	啓之助を船津川村へ派遣したがすぐに解決せず、九月頃

		郡船津川村	娘なつ			なつの婿の実家名主方へ掛合っても内済は成立しなかった。一二月になつの母病気につき暇願を出し、惣蔵・名主名代になつを引き渡す。翌安政五年四月になつの離縁が成立する。趣意金三〇〇疋、織之輔へ五〇疋、高之助文蔵へ銀一朱。羽付村惣蔵の世話。館林代官高松門兵衛に対して啓之助より内々に離縁になるよう働きかけ内済が成立した。（四八五）
43	一八五七・五・二五	上野国新田郡下田嶋村	知行所亀吉	嫁盗み	屋敷	亀吉より女を預かってくれるよう依頼され、女宅へ家来を派遣した。女の伯父と組合の者が来て貰い下げるよう交渉したが、女が不承知のため女を預かる。（四八四）
44	一八五七・七・一八	武蔵国秩父郡	久	離縁	屋敷	秩父伴吉が友之助方へ願い出て女を屋敷で預かる。礼金一〇〇疋。伴吉の世話。（四九〇）
45	一八五七・一一・二六	下野国都賀郡深程村		離縁	屋敷	政八と親類の者両人が駆込女の件で願い出る。礼金一〇〇疋。深程村政八の世話。（四九七）
46	一八五八・九・六	上野国新田郡市ノ井村	もよ	不義	屋敷	千代蔵がもよと同道して屋敷に預かってくれるよう願い出る。市ノ井村千代蔵の世話。（五一二）
47	一八五八・九・一八	上野国群馬郡白井村	母きせと五歳の子	離縁	屋敷	三太夫が縁切り女と五つの女子を連れて屋敷に匿ってくれるように願う。礼金を殿様の母へ一〇〇疋。白井宿三太夫の世話。（五一二）
48	一八五八・一〇・九	下野国都賀郡村井村与蔵・同郡上殿村伝兵衛		駆落	長屋	駆込の男女を長屋へ差置。一一月二四日平之助を男女の親へ派遣し、女の父に掛け合ったが「強情者」のため不承知なので男方へ貰い受けることが出来ず、一二月一日男女を引き受け双方へ引き渡す。女「大いに歎候」。双

		娘かね				方より趣意金あり。深程村政八の世話。（五一三）
49	一八五八・一〇・一三	上野国群馬郡渋川宿	平之助	家内もめ	屋敷	当分差置く。
50	一八五八・一二・一六	上野国山田郡塩原村	政吉娘千代	密通一条縺につき	屋敷	女を預かる。翌安政六年一月二一日啓之助・内輔を塩原村へ派遣し、千代（てう）父政吉・長清が来て千代を引き渡すことで内済が成立する。礼金二〇〇疋。蔵福院（成清）の世話。（五一四）
51	一八五九・三・二五	上野国邑楽郡谷越村	とわ	離縁	屋敷	惣蔵から差置くよう依頼される。友之助を赤土村名主方へ派遣し、離縁状と名主よりの書付けを取って来る。礼金一両、啓之助へ一〇〇疋、織之輔へ銀一朱。羽付村惣蔵の世話。（五一七）
52	一八五九・五・四	下野国都賀郡間中村	かく	離縁	屋敷	庄蔵が駆込女を連れ、差置くことを願う。六月九日にかくの父が庄蔵の案内で来て、離縁を取り計らってくれるよう願う。啓之助を派遣し、離縁状と書付けを持ってきて内済が成立する。礼金二〇〇疋。名主庄蔵の世話。（五二一）
53	一八五九・五・二七		男	駆落	屋敷	峯吉の妻を誘引した男を差置く。女は峯吉へ返し、男は引取人に引き渡す。一一月二一日峯吉の妻と密夫とが江戸にいるので妻を取り戻しに行く。礼金一〇〇疋、啓之助・友之助へも礼あり。（五二二）
54	一八五九・六・三	上野国新田郡小嶋村	娘	離縁	屋敷	小嶋村から内ケ嶋へ嫁ぎ、家内不和につき家出し、きさの紹介で差置くよう願う。女の兄に引き取るよう掛合い、徳右衛門が引き取りに来る。内ケ嶋村銀兵衛の娘きさの

						世話。（五二二）
55	一八五九・六・一三	武蔵国榛沢郡高畑村	藤吉娘かつ	離縁	屋敷	家来に掛け合ってもらうよう女の親類三人が同道して来る。善之進を派遣したが、偽役のように思われ内済が成立しなかったので友之助を深谷宿丈四郎へ派遣し内済が成立した。礼金四〇〇疋。下田嶋村市兵衛の世話。縁切り娘の再縁。（五二三）
56	一八五九・七・五	上野国碓氷郡新井村	金蔵妻くら	家内もつれ合い	屋敷	当分差置く。平之助の紹介、女は白井一平・渋川佐七の親類の者。（五二五）
57	一八六〇・㊂・八	上野国群馬郡渋川宿			屋敷	しばらくの間差置く。渋川宿平之助の世話。（五三八）
58	一八六〇・七・一		清吉妹	密夫から逃れるため	屋敷	清吉の妹が密夫と逃げたが取り返し、男が妹を取り戻そうとするので匿うよう願う。預かる。（五四三）
59	一八六〇・一〇・五	下野国都賀郡仲之嶋村	多吉娘ほの	離縁		啓之助を派遣して離縁を成立させる。礼金二〇〇疋。（五四八）
60	一八六〇・一一・一三	下野国都賀郡栃木町	たね	離縁	屋敷	当分預かり、久米善之進を下野へ派遣、離縁の内済が成立する。礼金五〇疋・菓子一折。（五四九）
61	一八六一・一・一〇	下野国足利郡板倉村	草二郎妾	離縁	岩松村千手院	親類の理由で千手院が預かっていたが、縁切りのため屋敷に来る。板倉村の名主名代が引き取りに来るが、千手院が引き取る。礼金一〇〇疋。岩松村千手院・山田郡上久方村小野田近江守の世話。草二郎は帳外。（五五一）
62	一八六一・二・二	上野国群馬	七蔵	離縁	屋敷	駆込女を断わり帰すが、世良田村梁作が来て取り計らう

		郡惣社町				よう願う。挨拶金銀一朱。世良田忠兵衛・世良田梁作の世話。六月八日に再び忠兵衛がくるが断わり帰す。(五五二)
63	一八六一・三・一五	下野国都賀郡蔵井村		離縁	屋敷	断わり帰す。倉井村寅蔵の世話。(五五三)
64	一八六一・六・四	上野国新田郡二ツ小屋村	浅二郎孫女	駆落	屋敷	女を少々差置くが、男は断わり友之助の許へ置く。船頭源二郎が来て男女を貰い下げる。(五五九)
65	一八六一・六・二六		女	離縁	屋敷→満徳寺	駆込の願に対して満徳寺へ行くように勧める。礼金五〇疋。小信村銀蔵の世話。離縁が成立。(五五九)
66	一八六一・六・二七	上野国山田郡広沢村	毒嶋幾右衛門妹	「不埒」につき	屋敷	毒嶋幾右衛門の妹を留置。おばが妹を貰い下げに来る。(五五九)
67	一八六一・七・二〇	上野国群馬郡高崎町	寅松	離縁	屋敷	断わり帰す。(五六〇)
68	一八六一・一一・一四	上野国新田郡前小屋村	国太郎	連出し	屋敷	源二郎より女を預かる。連出した男が逢いに来る。源二郎が引き取るが、引き別れとなる。礼金一両。殿様の母お福へ五〇疋、家来たちに一〇〇疋。源二郎の世話。(五六七)
69	一八六二・一・一七	武蔵国幡羅郡柿沼村	四分一一家	駆落	屋敷→長屋	長屋に差置き男女共親類が引き取りに来る。礼金二〇〇疋。忠太郎の世話。(五六九)
70	一八六二・三・一七	上野国新田郡	源二郎	連出し		源二郎が藤木の者の娘を連出し、尾嶋の田蔵を女の親に頼んでいたが、同人と源二郎が口論に及び未だ決着していなかったが、内済が成立した。礼に金一〇〇疋、半紙

						一包。（五七二）
71	一八六二・八	上野国佐位郡伊与久村	勝蔵妻なを	駆落		益左衛門が勝蔵の妻なをを誘引し、岩松氏の出入りの者へ行き、出入りの者から屋敷へ願い出る。男女を呼出し、各々親類へ引き渡す。
72	一八六三・八・二六	上野国甘楽郡曽木村	栄八女子まき	駆込	友之助	断わり帰すが友之助方へ来て、友方へ差置く。曽木村の名主・親類が引き取りに来る。離縁ではなくただ引き取る。礼金一両二分。高崎町寅松の世話（五八八）
73	一八六三・一一・七		女	離縁	屋敷→満徳寺	駆込に来るが満徳寺へ引き渡す。礼金五〇疋。羽付村惣蔵の世話。（五八八）
74	一八六四・四・五	下野国都賀郡玉田村		離縁	屋敷	金井勇の在所の者で雄を通して縁切り駆込みを願い出る。金井勇を派遣し、両方を呼び出し離縁が成立。（五九七）
75	一八六四・四・一三		さわ	離縁	屋敷	当分留置、金井勇を派遣して離縁を成立させる。銀一朱。蔵井村寅蔵の世話。下野国山王寺の僧侶が来て、内々に取り計らうよう願出る。さわへ四両縁切りのために与え、岩松へ一分、織へ一分、勇へ二分。（五九七）
76	一八六四・四・一七	下野国都賀郡牛久村	みわ	離縁	屋敷	牛久村みわが卒嶋村伝次と口論の上実家に帰り、帰縁する意思もないので、牛久村の世話人が離縁の掛合をしたが、埒が明かないので岩松屋敷に願い、内済離縁が成立。（五九七）
77	一八六四・七・二七	下野国都賀郡蔵井村	ます	離縁	屋敷	一年間の奉公を願う。金井肇を派遣し離縁が成立する。女より一〇〇疋、弟藤五郎より三〇〇疋の礼。（五九七）
78	一八六四・八・四			離縁	屋敷	断わり帰す。尾嶋宿峯八の世話。（五九七）

79	一八六五・一・三〇	上野国新田郡世良田村	権之丞娘花	不埒の義	屋敷	由緒出入りの者権之丞の願いで娘の花を留置。（五九八）
80	一八六五・五・一三	上野国新田郡大館村	わき		屋敷	大館村某の孫娘を留置。（五九八）
81	一八六五・八・一七	武蔵国入間郡南畑村	娘	離縁	屋敷	縁談破談のため駆込みし、縁切りの願いを承知し、帰してもう一度願いに来るように申し渡す。内済が成立したので礼にくる。礼金五〇疋。（六〇四）
82	一八六六・三・四	下野国都賀郡深程村	女	離縁	屋敷	差置く。礼金一〇〇疋。深程村喜右衛門の世話。（六〇七）
83	一八六六・三・一六	下野国都賀郡太田村	女	離縁	名主庄蔵	離縁のため卒嶋村名主方へ家来を派遣することを依頼される。名主庄蔵方へ下宿させる。（六〇七）
84	一八六六・五・九		よし	離縁		縁切りになったので満徳寺より帰ってくる。（六一〇）
85	一八六六・五・一三		善之進親類女	離縁	屋敷→満徳寺	満徳寺へ願い出て離縁が成立。礼金一〇〇疋。藤八の世話。（六一〇）
86	一八六六・一一・一一		つる	離縁	屋敷	当分差置、森村隣兵衛方へ家来を派遣。国蔵の世話。（六一〇）
87	一八六八・四・一三			離縁		前嶋の菊が去暮に駆込んだ女性からの礼を届けに来る。（六二九）

注　（　）の中の番号は群馬大学附属図書館新田文庫の「近世史料」の番号。

参考文献

〈はじめに〉

青葱堂冬圃「真佐喜のかつら」（『未完随筆百種第一六』臨川書店、一九六九年）
井上攻「幕末期の村社会と身分秩序―祭り・御賞・御書院御礼をめぐって―」（『湘南史学』第一一号、一九九〇年）
井上善次郎『まゆの国』（埼玉新聞社、一九七七年）
高野信治「知行地の年中行事」（『福岡工業大学研究論集』第二三巻第一号、一九九〇年）
同「給人領主と農耕祈願」（『九州文化史研究所紀要』三四号、一九八九年）
中野豈任『祝儀・吉書・呪符』（吉川弘文館、一九八八年）
西田真樹「交代寄合美濃衆高木家の年中行事―春・夏・秋・冬―」（『宇都宮大学教育学部紀要』四一〜四四号、一九九一〜九四年）
藤木久志「在地領主の勧農と民俗」（『戦国の作法』平凡社、一九八七年）
同「村の公事―上納と下行の習俗―」（『戦国期東国社会論』吉川弘文館、一九九〇年）
同「村の指出―『上納と下行の習俗』再考―」（『近世日本の民衆文化と政治』河出書房新社、一九九二年）

〈第一章〉

『太田市史　通史編近世』（太田市、一九九二年）
『尾島町誌資料集第二篇　尾島町の石造遺物』（尾島町誌編集委員会、一九七八年）
『上野国郡村誌　十五』（群馬県文化事業振興会、一九八六年）
『徳川禮典録　上』（原書房、一九八二年）
『新田郡宝泉村誌』（宝泉村誌編さん委員会、一九七六年）
『新田文庫資料集Ⅰ』（群馬大学附属図書館、一九八六年）
秋山伸一「雨乞行事と近世村落―武蔵国川越地方を中心に―」（三芳町立歴史民俗資料館研究紀要『くらしとれきし』第一号、一九九一年）
井上攻「近世後期梶ケ谷村周辺の雨乞」（『川崎市史』創刊号、一九九〇年）
折口信夫「年中行事」（『折口信夫全集』第一五巻、中央公論社、一九五五年）
勝俣鎮夫『一揆』（岩波新書、一九八二年）
富沢清人「検注と田文」（『講座日本荘園史』二、吉川弘文館、一九九一年）
西田真樹「『交代寄合』考」（『宇都宮大学教育学部紀要』第三六号、一九八六年）
平山敏治郎「取越正月の研究」（『歳時習俗考』法政大学出版局、一九八四年）
深谷克己「取立てとお救い―年貢・諸役と夫食・種貸―」（『日本の社会史』第四巻、岩波書店、一九八六年）
藤木久志「村から見た領主」（『歴史を読みなおす13　家・村・領主』朝日新聞社、一九九四年）

〈第二章〉

阿部善雄「民衆の駆入りの法的整合性」(『宗教社会史研究Ⅱ』雄山閣出版、一九八五年)
氏家幹人「近世解体期における在方風俗の逸脱と統制」(『地方史研究』一七一号、一九八一年)
落合延孝「近世村落における火事・盗みの検断権と神判の機能」(『歴史評論』四四二号、一九八七年)
多仁照廣「地芝居と若者仲間」(『地方史研究』一三一号、一九七四年)
中沢厚『つぶて』(法政大学出版局、一九八一年)
古川貞雄『村の遊び日』(平凡社、一九八六年)
安丸良夫「『近代化』の思想と民俗」(日本民俗文化大系1『風土と文化』小学館、一九八六年)

〈第三章〉

C・フィンク『マルク・ブロック』(河原温訳、平凡社、一九九四年)
J・フレイザー『金枝篇』一巻(永橋貞介訳、岩波文庫、一九六六年)
『庚申塔と月待・日待塔』(上州の近世石造物二、群馬県教育委員会、一九八六年)
『埼玉叢書』第三巻(国書刊行会、一九七〇年)
『新編埼玉県史　資料編一〇』(埼玉県、一九七九年)
板橋春夫「新田猫と養蚕」(『民具マンスリー』第二一巻七号、一九八八年)
石塚尊俊『日本の憑きもの』(未来社、一九五九年)
岩井宏實「変転する日常生活」(日本民俗文化大系12『現代と民俗』小学館、一九八六年)

大島建彦『疫神とその周辺』（岩崎美術社、一九八五年）
同「『簸觽乙』という呪符」（『関西外国語大学民俗学談話会ニューズレター』九、一九九三年）
後藤忠夫「群馬の憑きもの」（日本民俗文化資料集成７『憑きもの』三一書房、一九九〇年）
近藤章「憑霊信仰関係の近世史料について―群馬県の場合―」（『群馬県史研究』第二八号、一九八六年）
辻本正教「御根太草履と呪的世界（上）」（『部落解放史ふくおか』七七号、一九九五年）
速水保孝『つきもの持ち迷信の歴史的考察』（柏林書房、一九五三年）
宮本馨太郎『めし・みそ・はし・わん』（岩崎美術社、一九七三年）

〈第四章〉
『海老名市史３　資料編近世Ｉ』（海老名市、一九九四年）
『太田市史　史料編近世３』（太田市、一九八三年）
『崋山全集』第二巻（崋山会、一九一五年）
『群馬県史　資料編一五』（群馬県史編さん委員会、一九八八年）
『国学運動の思想』（日本思想大系五一、岩波書店、一九七一年）
『渋川市誌　第五巻歴史資料編』（渋川市誌編さん委員会、一九八九年）
『長野県史　近世史料編第二巻（一）』（長野県、一九七八年）
『新田町誌』（新田町、一九九〇年）
『新田文庫資料集Ｉ』（群馬大学附属図書館、一九八六年）

朝尾直弘「一八世紀の社会変動と身分的中間層」(『日本の近世 10』中央公論社、一九九三年)
新井白石「岩松家系附録序説」(『新井白石全集』第三、一九〇六年)
荒川善夫「中世末・近世初頭における小山氏と家臣・旧臣との結びつきについて」(『北下総地方誌』二、一九八八年)
泉正人「『旧臣帳』考」(滝沢武雄編『論集　中近世の史料と方法』東京堂出版、一九九一年)
井上攻「由緒書と村社会」(『地方史研究』二三四号、一九九一年)
同「村社会の正当性と権威」(『湘南史学』第一四号、一九九五年)
大藤修「近世における苗字と古代的姓氏」(シリーズ家族史3『家の名・人の名』三省堂、一九八八年)
高木侃『縁切寺満徳寺の研究』(成文堂、一九九〇年)
中島明『幕藩制解体期の民衆運動』(校倉書房、一九九三年)
深谷克己「村役人層の位置規定と国学受容」(『近世の国家・社会と天皇』校倉書房、一九九一年)
藤木久志『豊臣平和令と戦国社会』(東京大学出版会、一九八五年)
藤村潤一郎「上州における飛脚問屋」(『史料館研究紀要』第一号、一九六八年)
古川貞雄『村の遊び日』(平凡社、一九八六年)
宮沢誠一「幕藩制期の天皇のイデオロギー的基盤」(『幕藩制国家成立過程の研究』吉川弘文館、一九七八年)
宮地正人「江戸後期の手紙と社会」(『幕末維新期の文化と情報』名著刊行会、一九九四年)
山本英二「浪人・由緒・偽文書・苗字帯刀」(『関東近世史研究』二八号、一九九〇年)

〈おわりに〉

高埜利彦『近世日本の国家憲力と宗教』（東京大学出版会、一九八九年）
同「江戸幕府の朝廷支配」（『日本史研究』三一九号、一九八九年）
藤田覚「寛政期の朝廷と幕府」（『歴史学研究』五九九号、一九八九年）

あとがき

私が群馬大学教養部に赴任したのは、一九八〇年九月のことである。赴任後の間もない頃、附属図書館の司書瀧沢憲也氏から新田文庫の整理を頼まれた。これが私と猫絵の殿様とのつきあいのはじまりである。八四年に『新田文庫目録Ⅰ』、八六年には『新田文庫資料集Ⅰ』を刊行し、少しずつ史料を読みはじめたのであるが、当時の私の関心は、世直しや村共同体の諸慣行にあり、岩松氏を系統的に研究してはいなかった。

九〇年の史学会大会のシンポジウムで報告を行う機会に恵まれ、それを契機に二〇〇〇年以上に及ぶ岩松の殿様の日記を本格的に読みはじめた。ちょうどその頃から、私の職場は教養部の改組と新学部の創設へ向かって動き出した。連日会議に追われ、改革の渦中に巻き込まれ、研究時間がなかなか取れない状況が続いた。そのなかで、雑務から逃れて図書館の特殊資料室に入りびたり、時間的にも空間的にも隔離された中で、日記の世界に沈潜することだけが私の唯一の楽しみであった。延宝八年（一六八〇）の日記から始まり、慶応四年（一八六八）の日記を読み終えることができたのは、九三年の夏頃である。その年の九月に教養部は廃止となり、私は新設の社会情報学部へ移ることになった。今振り返ると、教養部は私にとっては思い出深い楽しい職場であった。

日記を読み終えたところで、関東近世史研究会から九三年度の大会報告を依頼され、まとめるのには良い機会かと思い、報告を引き受けることにした。史学会と関東近世史研究会の二つの学会からの働きかけがなければ、私の研究はこのような形ではまとまらなかったかもしれない。

そして、藤木久志氏や勝俣鎮夫氏の中世史研究、近世史では高野信治氏の年中行事の研究、山本英二氏や井上攻氏の由緒書の研究などから知的刺激を受けながら、私は岩松氏の研究を以下のような論文としてまとめてきた。

①「新田岩松氏と由緒・出入りの人々」（『群馬大学教養部紀要』第二六巻第一号、一九九二年九月）

②「年中行事からみた領主と農民―新田岩松氏の事例を通して―」（『群馬大学教養部紀要』第二七巻、一九九三年九月）

③「歴史学からみた民俗信仰―狐憑・疫神・疱瘡と岩松氏の除札―」（『群馬民俗学の軌跡』煥乎堂、一九九三年一二月）

④「出入り関係の形成と新田岩松氏の権威の浮上」（『関東近世史研究』第三六号、一九九四年五月）

⑤「武家屋敷への駆入り史料―新田岩松氏の日記より―」（『群馬大学社会情報学部研究論集』創刊号、一九九五年三月）

本書は今までの研究を基礎にしながらも、新たに書き下ろしたものである。私の拙い研究をこのような形で出版することができたのは、多くの友人たちの力による。歴史科学協議会編集委員会、東京歴史科学研究会、百姓一揆研究会、歴史学研究会近世史部会、群馬の民衆史を学ぶ会、群馬歴史民俗研究会、柳田国男を読む会、群馬評論編集同人会、炎の会、などの皆さんには大変お世話になった。そして、埼玉県の『東松山市史』と『上里町史』の編纂などに参加させていただきながら研究活動を進めることができた事も幸せであった。加えて、牧原憲夫・鶴巻孝雄・杉山弘・大門正克氏らとの研究会では自分なりの視点を作ることができるようになった。拙い私の仕事に対して厳しい批判と温かい助言を下さった研究者仲間の皆さんに、あらためてお礼を申し上げたい。

また、目録や資料集の刊行以来お世話になった新田岩松家のご子孫の山田汪子氏、群馬大学附属図書館の皆さん、猫絵の資料を提供して下さった武孫平氏・小野英彦氏、さらに疫神除符の資料を提供して下さった都丸十九一氏に、あらためてお礼の言葉を申し述べたい。

そして、新田文庫が図書館へ寄贈されてからちょうど三〇年目にあたる今年に、本書が刊行されるのも私にとっては感慨深いものがある。なお、刊行にあたっては、牧原憲夫氏と吉川弘文館の永滝稔氏にお世話になった。特に、永滝氏からの厳しい注文と助言がなければ、もっと読みにくい本になってしまったと思われる。本書が少しでも読者に理解しやすいものになったとしたら、氏のおかげである。

一九八〇年代から顕著になった近世史像の転換のなかで、私自身研究をすすめてきたが、これからも近世社会を地域の視点から再構成する仕事を続けていきたいと考えている。

最後に、私の研究活動を支えてくれた妻の美恵子に感謝するとともに、一銭にもならない私の「道楽」に寛容であった今は亡き母トクの霊前に本書を捧げたい。

一九九六年二月二九日

落合延孝

補論　岩松孝純再考――新田岩松氏の「創られた伝統」

一九九六年に刊行した本書初版の反省点は、岩松孝純《たかずみ》（一七〇八―九〇年）についての位置づけと由緒・出入りの人々と新田岩松氏との具体的な分析が不十分であったことである。孝純は猫絵を描かなかったが、近世における新田岩松氏の絵画の祖であり、絵画や染筆を通して町や村の名主などの有力者に文化的な影響力を広げ、『松陰私語』を精力的に探索して新田岩松氏の社会的基盤を確立させた殿様である。補論では、孝純の絵の師匠と『松陰私語』の探索について言及したい。なお、群馬大学総合情報メディアセンター図書館所蔵新田文庫の近世文書については目録番号のみを記し、『新田岩松家旧蔵粉本図録』については図録番号を記した。

一　孝純の絵の師匠

新田猫絵を描いたのは岩松温純《あつずみ》（一七三八―九八年）・徳純《よしずみ》（一七七七―一八二五年）・道純《みちずみ》（一七九八―一八五四年）・俊純《としずみ》（一八二九―九四年）の四代の殿様である。一七九〇年代に入ると猫絵の依頼が急増する。養蚕の盛んな地域では、養蚕飼育の上で鼠は大敵とされ、新田猫絵が鼠除けの効果があるものと信仰されていた。

しかしながら、新田岩松の殿様の中で最初に絵画を描いたのは岩松孝純である。孝純の描いた絵画は、地元の家や寺社に残されている。孝純への絵の依頼は、一八世紀後半頃から多くなる。一七六〇年代から七〇年代では観音・薬師・八幡・弘法大師・一遍上人霊夢像・廿三夜等の信仰にかかわりのある宗教画や龍・紅葉滝・獅子鷲・松鶴・富士などの風景画の依頼が多い。八〇年代になると民間信仰が盛んになり、子待《ねまち》講の本尊として利用されていた大黒天の絵の依頼が急増する。孝純は寛政元年（一七八九）年一月七日の日記のなかで、「今夕甲子待、……予下手《へた》なれども、写絵認るにつきて、近辺の民家の者ども熱望す、よんどころなく認《したた》め遣す」（一五三）と述べ、近隣の百姓町人の熱望で、子待講の本尊としての大黒天の絵を描いたことを記している。

新田岩松家の殿様の絵は美術史の上ではどのように位置づけられるのか？『群馬県史通史編6』（一九九二年）での篠木弘明の解説によると、北宋画を描き続けたのが新田岩松家であった。北宋画は狩野派や土佐絵などの堅い絵画を描き、南画は柔らかい描線の積み重ねによる絵画であったという。孝純・徳純・道純らの作画は上毛狩野派の代表作と評価している。篠木によれば、新田岩松家の絵は「家伝による独学」としているが、孝純の絵師については三つの史料が残されている。

一人は『源孝純年譜草稿』（N二一〇·五　M·i三八）に、寛保二年（一七四二）正月一三日に「狩野舟川方へ絵ノ門弟入ニ行ク」と記されている。『太田市史通史編近世』（一九九二年）によれば、舟川《しゅうせん》は令信《はるのぶ》の称で知られ、名は晴信、父種信に画技を学んで享保年間に名のあった人であると言われている。新田岩松家の画技が狩野派の系統を引いたのは、おそらく孝純が狩野舟川に学んだことによるものである。

もう一人は、宝暦一二年（一七六二）閏四月五日の日記に次のように記されている。

　東長岡村坂本伊右衛門来る、当午に七十二歳の由、予孝純画図の師なり、自筆鐘馗西王母の絵持参なり〔一〇五〕

孝純は東長岡村坂本伊右衛門を「画図の師」と呼んでおり、絵を習っていたことがわかる。伊右衛門は鐘馗と西王母《せいおうぼ》（中国西方の崑崙《こんろん》山に住む神女の名、不死の薬を持った仙女）の絵を持参している。この人物がどのような絵師なのかはよくわからなかった。初版が刊行された数年後、群馬大学附属図書館（現群馬大学総合情報メディアセンター図書館）に赴任した山中康行部長が、反古紙同然に放置されていた一枚一枚の絵の模写や下書を精力的に整理し、『新田岩松家旧蔵粉本図録』（二〇〇二年）を編集した。その絵画の粉本《ふんぽん》は一二六四点に及んでいる。粉本とは絵の制作の参考として模写した絵画や下書の絵であり、古くは胡粉《ごふん》（白い粉）を用いて下絵を描き、のちに墨を用いたという。その内訳は、猫絵二一点、大黒天・夷・寿老人・布袋・鐘馗・弁財天などの七福神一五四点、人物関係二六九点、松竹梅などの花や植物一六九点、龍・馬・猿・虎などの動物一一一点、鷹・雀・鶏・雁などの鳥類一五三点、山水風景六一点とその他である。

これらの粉本は、歴代の殿様がどのように絵を練習したのかを私たちに教えてくれる。

第一に、一七世紀末の貞享・元禄年間に「重政」「重正」「重昌」「重」が写した粉本が五〇点残っている。「常信筆　元禄八年亥ノ八月重政これを写す」（図三八〇）、「探幽筆　元禄九年二月重正これを写す」（図四一四）、「探幽法印行年七十二歳　元禄七年三月日重政これを写す」（図八一六）と記されているように、探幽《たんゆう》（一六〇二―一七四年）・常信《つねのぶ》（一六三六―一七一三年）に代表される狩野派の絵画を重政は模写していた。重政を通して狩野派の技巧が継承されており、彼が新田岩松家の絵画に与えた影響は計り知れないものがある。

慶純《やすずみ》（孝純）はこの重政の粉本を模写している。「探信守政　享保十七八日重昌本　慶純これを模《も》搨《とう》」（図二一一）、「摩利支天図守信写重昌本　享保十七年十月廿一日　慶純これを模搨」（図四〇九）と記されているように、孝純は狩野派の絵画を重政の粉本を通して模写している。孝純が重政の粉本を模写しながら狩野派の画技を継承したことがわかる。

この「重政」「重正」「重昌」は誰か。その解決のヒントは、新田文庫にある「雑画筌《せん》」（一〇四五）である。その文中に、寛保辛酉十月六日「坂本重昌絵本」を「慶純公御模」とあり、寛保元年（一七四一）に孝純が坂本重昌の絵を模写していることがわかる。東長岡村坂本重昌は伊右衛門の先代と思われるが、孝純は江戸の狩野舟川と東長岡村坂本伊右衛門の門弟となり、探幽・常信を描いた重政の粉本を練習しながら狩野派の技法を高めていったことがわかる。

三人目の絵画の師匠は長谷川等運である。安永九年（一七八〇）一〇月四日、「予ガ師長谷川等運ハ松平右京太夫殿家来ニて、雪舟十二代雪洞と称ス……先月五日死と云々」（一二〇）と記し、長谷川等運は高崎藩士で、雪舟十二代の雪洞と称していた。さらに天明六年（一七八六）六月二日、「長谷川等運ガ実父高崎城内国絵図師」（一四七）と記している。等運の実父は国絵図師であったことがわかる。

また、粉本には画中の色や描き方を指示したものが残っている。「朱書き」（図四八）の画中指示や、人物画では「ヒタイノ毛今少カスレメニ」（図一七六）と額の毛をかすれめに描くように指示している。龍画では、「是より墨ヲこくくま取可申候」（図七四八）と墨を濃く描くように指示している。また、人物画（図三九一）では、左中墨書に「巾薄墨ニて濃筆ノ書入にじミニも仕候」「草書ニハ薄墨ニして如此わり筆ニても」という注意書きがあり、裏には墨書で「至極宜御座候」とお褒めの言葉がある。このように、粉本を丁寧に読んでいくと新田岩松家の絵画の秘密が少しずつ解読できるようになる。

孝純の絵画の偽物が出回ったことがある。一つは「酒神《しゆしん》松尾明神」の偽絵である。安永九年（一七八〇）九月二三日、「木崎の亦吉反町村酒屋予ガ認たる酒神松尾明神の絵所持候由申すにつき、見たき旨相望処持参致見セシニ、誠予ガ認たる物ニアラズにせ物也、予よりハ上手也、男沼の表具師伝ニて拝領セシト云々」〔一三〇〕と記し、反町村の酒屋が孝純の酒神松尾明神の絵を持っていると申しているので、見たいと言ったところ、本人が持参してきた。孝純本人が描いたものではないが、「予よりハ上手也」と謙遜している。男沼《おぬま》村（武蔵国幡羅郡、熊谷市）の表具師を通じて拝領している。

もう一つは「白沢」の偽絵である。白沢《はくたく》の絵は中国の想像上の神獣の絵、病魔を防ぐ力があると信じられていた。天明八年（一七八八）六月一六日、「尾嶋の藤右衛門来り申処、当家ニて白沢の絵望願の者これある由、忍《おし》城下辺ニて流行煩甚だこれあり、右ニ付兼年長楽寺ニて当家認ム白沢、銭弐百五十文づつにて御渡し候由、これにより良田山へ伺い候処、当時ハこれなき由、右ニ付藤右衛門出入者ニ付、よんどころなく斯の如くと云々主答処、当家ニ曾て其例これなく、是兼ての山師取扱と見たりと答」〔一五一〕と記され、白沢の絵を所望する者がいて、忍城下辺りで流行しているとのこと。ここ二年ほど、長楽寺で孝純が描く白沢の絵が銭二五〇文で売られていた。岩松家には白沢の絵を描いた例がなく、「山師」の仕業と答えている。

「新田猫絵」は、東日本だけでなく西国の大和国でも名が知られていた。安政六年（一八五九）六月二四日付奈良奉行根岸肥前守から岩松俊純宛の書状の中で、「当春以来和州在町所々ニ滞留、誹諧執行風流のため遊歴いたし候旨ニて、貴様御舎弟岩松造酒丸と号し年齢三拾歳計の男、其御家の御紋付着服ものいたし、猫の画を認め遣し在町立廻り居候内、百姓共へ金子借用の儀頼み入り候書面差遣し、又は借用書相渡しいささかずつ金銀請取り候分もこれあり、右書面は新田御所岩松造酒丸内登沢周助と認め候書面差遣し候」と記している。

今年の春以来大和国で俳諧師として遊歴して、岩松満次郎「舎弟」と名乗り岩松造酒丸《みきまる》の家来登沢周助の名前で、「御家の御由緒」を語り猫絵を描いて借金を強要していたので、奈良奉行根岸肥前守より岩松満次郎へ問い合わせている。これに対して、岩松満次郎は七月四日付の根岸肥前守への書状で、「右様の者拙者舎弟ニはこれなく候間、全くその者偽者ニ御座あるべく候間、御召捕え御吟味なさるべく候」と記し、全くの偽者なので召し捕らえて吟味なされるようにと答えている。

猫絵の研究については、民俗学の板橋春夫が四代の殿様が描いた新田猫絵の図像の類型化を試み（「新田猫と養蚕」『民具マンスリー』二一巻七号、神奈川大学日本常民文化研究所、一九八八年）、さらに江戸時代から摺物猫絵と印刷猫絵が流布する明治時代にかけての新田猫絵の体系的な研究をまとめている（「新田猫の生成と展開—養蚕業の発達と新田岩松氏の貴種性」『日本民俗学』三一四号、二〇二三年五月）。その中で、新田貞康の猫絵（新田由良家の当主）について言及し、明治に入って華族昇格を果たせなかった貞康が明治一〇年代に新田由良氏の権威回復運動の中で描いたものとしている。新田猫絵には、新田岩松氏と新田由良氏との確執という政治的背景があったのである。

孝純の活動で忘れてならないのは、民間信仰に関わる月待日待塔・庚申塔・木曽御岳講供養塔などの石造物や鎮守や鳥居などの扁額・幟への「染筆」である。

染筆の依頼の最初は、孝純（慶純《やすずみ》）の時代である。元文五年（一七四〇）四月八日の日記に、「伊勢崎領茂呂村鎮守額書を遺す、正一位飯福大明神と書く、裏に元文五庚申初夏吉日岩松氏慶純謹書とす」〔八三〕と記されている。上野国佐位郡茂呂村（伊勢崎市）飯福《いいふく》大明神の額字の染筆を依頼されている。「源孝純年譜草稿」によると、「書予兼年武州長井ノ阿弥陀寺ノ門弟ニ入テ養節流ノ筆道ヲ学フト云ヘドモ至テ不器用也」と記し、武蔵国入間郡長井村の阿弥陀寺の門弟に入り、「養節流」の筆道を学んだと述べている。長井村は寛文九年（一六六九）頃に北永井村（埼玉県三芳町）と南永井村（所沢市）に分村しており、阿弥陀寺は北永井村にあった。そこで「養節流」の筆道を学んでいる。

このように、岩松孝純の絵画と染筆が近世社会における岩松氏の活動を方向づけたことになる。孝純を起点として、温純・徳純・道純・俊純四代の猫絵の普及、さらに幕末には八〇〇名以上の由緒出入りの人々を編成して、新田岩松氏はその社会的・文化的な力量を蓄積していった。

二　孝純と『松陰私語』

新田岩松氏への由緒出入りの者は金山以来の岩松氏の旧臣の系譜を引くと言われる人々で、新田郡世良田村・尾島町・太田町の村役人・町役人クラスの者を中心に、上野国が四七三人、武蔵国が一六二人、下野国が七七人、奥羽国が四六人と分布し、関八州だけでなく広く東北・甲信越の東日本の各地にまたがっており、幕末期には八〇〇人以上に及んだ。

岩松孝純は貞享年中（一六八四―一六八八年）頃から中絶した由緒出入りの人々を再編しようとした。寛保四年（一七四四）五月五日の節句の儀礼の際に、「古名主弥右衛門呼び、貞享年中の頃出入の者の事、その時分の日記をもって尋る」（八七）、と貞享の頃の出入りの者に関して尋ねている。一八世紀中頃の時点で、一七世紀末の出入り関係を再調査していることから、出入り関係が一度途絶えた家があったようである。

新田岩松氏への出入り願いは、一九世紀初めの岩松徳純の時代から多くなり、一般には尾嶋町などの下田嶋屋敷周辺や自分の住んでいる地域の由緒出入の人々の仲介を通じて行なわれている。岩松氏から出入（立入）許可が出て、請合人が出入りの者を保証する「請合一札」を「岩松満次郎様御役人中」に提出している。請合人を通した出入願いについては、岩松氏は多くの場合許可状を出していた。出入りの者たちは、岩松氏に対して飛脚札、御用達の鑑札、岩松家の鑑札、家紋の中黒や菊の紋の提灯、中黒・五三実桐・菊の紋の使用などの許可を求めている。

また、殿様の一周忌の儀礼と由緒の者との関係をみてみよう。寛政三年（一七九一）孝純一周忌の法事には、尾嶋町藤右衛門と岩松村長谷川巳之次、知行所村役人が呼ばれている（一五六）。寛政一一年義寄一周忌の法事には、「近所由緒」の者が参加する程度であった（一八九）。ところが、文政九年（一八二六）徳純一周忌・秀純一五〇回忌の法事には、新田郡の由緒の者や広沢村毒島家や台村里見家など八一名が参加している（二九四）。安政二年（一八五五）道純一周忌の法事には、由緒の者が一二〇名参加している（四五二）。岩松氏の法事への由緒の者が多く参加するようになるのは徳純の法事以降のことである。

一九世紀初頃に「御当家御一族筋の家柄」と格式の高い家と位置づけられている田嶋一家の場合を見てみよう。武蔵国榛沢郡岡村（埼玉県深谷市）田嶋一家の場合、延享四年（一七四七）一一月二二日に田嶋吉右衛門・弥助・新助が初めてお目見のために下田嶋の屋敷を訪れている。

吉田伸之「「新田脉田嶋氏系図」を読む」（『闇の中に見えるもの』ALC REPORT復刊四号、二〇二三年八月）は、岡村田嶋一家の系図を事実とフィクションに選り分けた優れた分析で、系図・由緒書の分析方法のあり方を提示している。吉田によれば、田嶋本家は、岩松慶純に出願し、寛延元年（一七四八）に一軸の系図（「新田岩松分脉田嶋之系」）を与えられたという。慶純（孝純）は、田嶋氏が「新田脉《みやく》」の「岩松分脉」であることを証明する部分、田嶋本家初代経國の部分を書写し、また「岡ノ郷」に最初に定住した経栄に関する記述ついて、「私」慶純自身で年代記を考証し、「系図」巻末に文章を染筆した。

田嶋氏由緒の核心をなす三代田嶋将監《しようげん》経栄は、観応三年（一三五二）閏二月二八日、新田義宗に従軍するが笛吹峠合戦で敗北し、逃れて武蔵国榛沢郡砂田郷（後の岡村）に定着する。現在に続く、岡村田嶋氏一族（田嶋イッケ）の起点である。将監経栄は、延文四年（一三五九）一〇月、新田義興に従い、矢口の渡で多摩川を渡河中に義興とともに全員謀殺される。田嶋家系図の記述は、『太平記』

第三十三巻「新田左兵衛佐義興自害の事」の叙述とほぼ同じ内容と構成である。「系図」のオリジナルな点は、田嶋将監経栄への言及、義興が砂田郷の経栄屋敷に逗留したこと、また経栄が義興に従い鎌倉奇襲に同行し謀殺された者の一人であること。しかしながら、吉田によれば、田嶋将監経栄の名前は「系図」でしか確認できない。『太平記』『新編武蔵国風土記稿』では確認できない。慶純の染筆は、「清和天皇―源氏―新田義貞―岩松」という岩松氏の「貴種の体系」に、田嶋本家を中心とする田嶋一家が位置付くことを担保したことになる。新田脉岩松分脉としての田嶋家の位置を証明する上で不可欠のものとなったと言える。後述するように、孝純は田嶋吉右衛門を通して『松陰私語《しょういんしご》』の写本を入手する。田嶋一家は新田岩松家の「御一族筋の家柄」として位置づけられ、新田岩松氏は田嶋吉右衛門を通じて『松陰私語』の写しを入手して、新田源氏の「岩松分脉」としての自家の正統性を裏づけようとした。

『松陰私語』の諸本の分類と伝来については、川崎千鶴「解題　『松陰私語』の諸本伝来」（『松陰私語』八木書店、二〇一一年）が詳しい。川崎の解説によれば、『松陰私語』は、長楽寺およびその末寺の僧侶であった松陰が、主君新田岩松家について陣僧として戦場を駆けめぐったことを、臨場感にあふれた口調で語る回想録である。松陰は、隠居後、武蔵国五十子《いかっこ》増国寺（蔵国寺）に住持したという。『松陰私語』は「五十子之記」「五十子記」とも呼ばれた。『松陰私語』が脚光を浴びるのは、江戸時代になってからのことである。『松陰私語』の主な写本は、宮内庁書陵部所蔵の新井君美（白石）自筆写本〈白石本〉と群馬大学総合情報センター図書館所蔵旧新田俊純氏所蔵本〈新田本〉である。

岩松富純（一六六二―一七四三年）が正徳年中（一七一一―一六）の江戸出府の際に、新井白石から武州五十子郷増国寺にある「五十子之記」の存在を知らされ、富純と義男の兄弟はすぐに探索を始めて入手したという。兄弟は自家の正当性を証明するために、正木文書（平安末〜室町中期の新田庄の新田岩松氏の文書）と『松陰私語』を蒐集した。

横瀬氏は由良と改名し、戦国時代に新田金山城主、東上野の戦国領主として活躍した。寛文五年（一六六五）に高家衆に列せられたのは、新田氏の正当な家柄であることを証明する由良氏所蔵系図や新田義重を新田庄下司職に補任する文書を所持していたからである。それに対して、岩松氏は徳川家康の関東入部以来、徳川家への仕官の機会を逸して、不遇が続いたのである。寛文三年（一六六三）になって、ようやく老中阿部忠秋の推挙により、秀純が新田郡下田島に一二〇石の知行地を与えられた。一二〇石の旗本と一〇〇〇石の高家の差は、岩松氏にとって屈辱的なことであった。そのため、『松陰私語』の探索は、主家岩松家と家宰家横瀬氏の関わり、自家の正当な由来を語るものとして、きわめて意義深いものであった。

岩松孝純が編集した父富純の年代記である「家君富純御年譜」（N二八八・一　N八八）には、『松陰私語』についての記載はない。『松陰私語』が最初に出てくるのは、宝暦六年（一七五六）一一月二九日に、「武州手斗村栗田九郎兵衛目西村森彦右衛門ト云者ノ背言アリ、是五十子記残本ノ事也、後年のため老爰《ここ》ニ記ス」（「源孝純年譜草稿」）と記されている。武蔵国榛沢郡手計《てばか》村（深谷市）栗田九郎兵衛と同郡牧西《もくさい》村（本庄市）森彦右衛門の「背言」があり、「五十子記」の残本のことである。残本とは、〈白石本〉にはなかった『松陰私語』第一巻と推定される。「後年のため老爰《ここ》ニ記ス」とは、孝純がこの時に初めて「五十子記」残本の存在を知り、後年のために記したと考えられる。

五年後の宝暦一一年（一七六一）二月二八日に、「武州児玉北堀村ノ庄田彦市始テ来ル」（「源孝純年譜草稿」）と記され、日記にも同日、「武州手斗村栗田九郎兵衛児玉郡北堀村庄田彦市といふ者同道也、……当五十子ノ記ノ事ニ付て也」（一〇二）と記されている。前述の手計村栗田九郎兵衛と児玉郡北堀村（本庄市）庄田彦市が「五十子ノ記」で下田嶋の屋敷へ来ている。

そして、同年一〇月二二日に、「今日武州榛沢郡北城村庄田彦市幷弟同門弥を手斗村栗田十右衛門同道来ル、是五十子記先年御小納戸山本新五右衛門殿へ出し置所、当秋彦市右之古記録請取此方へ納ルとて持参也、肴代百疋と幷堂上方墨跡三夕和歌を遣ス幷予カ請取証文添て遣ス也」（一〇二）と記されている。先年御小納戸山本新五右衛門殿へ提出した「五十子記」が今年の秋に戻ってきたので、庄田彦市は手計村栗田九郎兵衛と同道して受け取った古記録を岩松氏へ納めるために持参してきた。孝純は庄田彦市に対して肴代百疋と堂上方墨跡三蹟・和歌を与えている。また、「五十子記」の請取証文を添て与えているると記している。

「源孝純年譜草稿」にも一〇月二二日の記述がある。「同廿二日武州児玉ノ北城ノ庄田彦市幷弟門弥同道、先年御小納戸山本新五右衛門へ出シ置所ノ五十子ノ一巻、当秋出府請取タルヲ当家へ納ル由ニテ持参ス、肴代墨跡等遣シ右古書入納セシム」と記され、北城村庄田彦市が岩松氏へ持参し上納したのは〈白石本〉にはない五十子記の「一巻」であった。

安永八年（一七七九）九月、岩松兵庫（義寄）より室賀山城守・新庄能登守宛の切支丹宗門改状の裏に書かれた「五十子之記」にも、「右闕本ノ内壱冊後年、故アテ武州児玉郡北堀村庄田彦市ト云者ノ手より出ル」（C―四四、増国寺本）と記されている。

さらに、孝純の明和二年と三年の日記には、「五十子記」についての注目すべき下記の記述がある。

明和二年（一七六五）年二月二八日（一一一）

宗兵衛を武州岡村の田嶋吉右衛門同定七方へ遣ス、是五十子村五十子記の事ニ付て也

明和三年（一七六六）年二月二五日（一一三）

徳川万徳寺為年始来られ、武州岡村の田嶋吉右衛門西五十子村名主高山元右衛門同道、五十子之記写持参ス、則請取書付遣ス

明和三年（一七六六）二月二五日（一一二）

「西五十子村高山元右衛門五十子記写持参、江戸状認ム」

明和二年二月二八日に、孝純は「五十子記」の事で岡村田嶋吉右衛門・定七方へ家来を派遣した。

そして、翌三年（一七六六）二月二五日に、庄田彦市から入手した「五十子記」とは別に、西五十子

村高山元右衛門が持参したもう一つの「五十子記」を孝純は入手している。孝純は請取の書付を与えていた。それを仲介したのは岡村の田嶋吉右衛門であったと考えられる。孝純の「松陰私語記後序」は、西五十子村高山元右衛門から「五十子之記写」を貰い受けた時期と重なっている。川崎の解説によれば、孝純は、明和二年（一七六五）に、「松陰私語記後序」で「後に残れる処を得て、全部漸《ようやく》備はれり、実是即《これすなわち》家第一の重宝」と欠如分の探索について記している。庄田彦市と高山元右衛門からの〈白石本〉では欠落していた二種類の「五十子記」第一巻を探し出すことができたのは、新田岩松家「第一の重宝」であった。

その後、『松陰私語』は、「窓外不出の秘巻」「家門の外聊《いささか》他見をゆるさざる」とされたのである。天明九年（一七八九）一月一八日の孝純日記には、「幸作（武州大間村福島幸作）帰ルニ付、五十子記目録の壱巻借し遣ス、尤他見すまじき旨申付ル」（一五三）と記している。他見禁止の原則であったが、目録の一巻を武蔵国足立郡大間村（鴻巣市）の福島幸作に貸している。

東京大学図書館蔵本・静嘉堂文庫蔵本の原本は、岩松温純本よりの書写である塙保己一本に依拠している。天明八年（一七八八）六月五日の孝純の日記には、「秀之進より書状、塙検校へ兵庫方より借シ遣ス五十子記写三輪記佐野足利両家の記返シ来ル、彼方より検校開板之群書類従巻第四百七十五の壱冊音物ニ差越ス」（一五二）と記されている。秀之進は孝純の弟岩松通純《みちずみ》である。岩松温純（兵庫）が塙保己一《はなわほきいち》へ貸した「五十子記写」「三輪記」「佐野足利両家の記」が返却され、塙が刊行した

『群書類従』巻四七五の一冊を温純に贈ったことを記している。

そして、享和元年（一八〇一）四月に、徳純の日記（二〇一）に下記の記述がある。

四月二日「予帯刀ト入　台覧系図附録之読合ス」

四日「尾嶋要右衛門呼東叡山御出入由緒書認サセル、台之郷伊佐為碩来ル、帯刀ト五十子記ヨミ合ス」

五日「五十子記読合ス」

六日「尾嶋要右衛門来ル、新井君美之撰し新田岩松家記事ノ書写申付ル、五十子之記朱印孝純公ノ御代作印と為碩考之」

四月二日の虫干しの時に、岩松徳純は帯刀《たてわき》（岩松純寄《すみより》）と「台覧《たいらん》系図附録」の読み合わせをした。「台覧系図附録」とは、岩松富純が享保一六年（一七三一）四月に代々の系図幷附録を将軍へ上覧に入れた書である。四日には、尾嶋の要右衛門を呼び「東叡山御出入由緒書」を書写させ、台之郷村（太田市）の伊佐為碩が来て帯刀と「五十子記」を読み合わせている。五日も二人が「五十子記」を読み合わせている。六日には、尾嶋の要右衛門が来て、新井白石が撰した「岩松家系附録序説」の書写を申し付けている。ここで注目すべきことは、新田岩松家が虫干しの時に、将軍家へ提出した「台覧系図附録」、新井白石の「岩松家系附録序説」、「東叡山御出入由緒書」、「五十子記」などを読み合わせ、書写していることである。読み合わせをしたり書写をしながら、自家の由緒を確認継承していた。

江戸時代には、新田源氏の後裔とし、その貴種性を主張し、新田岩松家よりも石高も位も高かった新田由良家がいた。山澤学「新田源氏言説の構造―もう一人の猫絵の殿様・新田由良家を中心に」（山本隆志編『日本中世政治文化論の射程』思文閣出版、二〇一二年）は、もう一人の猫絵の殿様である新田由良家を分析した。山澤によれば、近世における新田源氏言説は、徳川将軍家の血縁に近いという自家の貴種性を説くものであった。それを立証するためには、新田家の文書である正木文書や什物など具体的な源泉の所持が不可欠であり、由良家、岩松家は、ともにそれらを探索した。しかし、その正統性を示す上で何よりも重要であったのは社会からの支持であり、そのために旧臣編成も不可欠であった。山澤は、近年の中世武家旧臣を踏まえて、新田源氏言説を歴史的・構造的に理解することが重要であり、そのなかで旧臣編成のあり方やその根拠としての中世文書が果たした役割を再検討する必要があると問題提起している。

岩松孝純の『松陰私語』探索では、〈白石本〉では欠落していた二種類の「五十子記」第一巻を庄田彦市と高山元右衛門から入手することができたのは、由緒・出入りの人々のネットワークの力によるものであった。『松陰私語』は、近世社会で探索・発見され、新田岩松家の正当な由来を語る創り出された史料と言うことができる。養蚕農家から頼まれた四代の殿様が描いた新田猫絵も、民俗学や美術史だけでなく、新田岩松氏と新田由良氏との確執という政治文化論の深みから捉えなおす必要がある。

そして、補論を書きながら痛感したことは、網野善彦が指摘した系譜学――系図の研究の著しい立ち遅れである（「「社会構成史的次元」と「民族史的次元」について」『日本中世の非農業民と天皇』岩波書店、一九八四年）。江戸時代に入って系図家の歴史的知識を身につけた系図作りの専門家によって作成された系図は、源平藤橘の諸氏に祖先を結びつけており、それが「大和民族はみな天皇の子孫」という意識を支える基盤をなしていた。系図がいかなる経緯と背景で作成されたのか、それが天皇と庶民とをつなげる重要な回路になっていることは間違いないにもかかわらず学問的に解明されていない。新田岩松氏と由緒の者との系譜上の関係もこのような視点から分析することが求められている。

（二〇二五年二月）

本書の原本は、一九九六年に吉川弘文館より刊行されました。

著者略歴

一九四八年　東京都に生まれる
一九八〇年　東京都立大学大学院博士課程単位取得退学
現在、群馬大学名誉教授

〔主要著書・論文〕
『幕末民衆の情報世界』（有志舎、二〇〇六年）、『幕末維新を生きた人々』（みやま文庫、二〇一五年）、「世直しと村落共同体」（『民衆の生活・文化と変革主体』歴史学研究別冊、一九八二年）、「近世村落における火事・盗みの検断権と神判の機能」（『歴史評論』四四二、一九八七年）

読みなおす日本史

猫絵の殿様
領主のフォークロア

二〇二五年（令和七）五月一日　第一刷発行

著　者　落《おち》合《あい》延《のぶ》孝《たか》
発行者　吉川道郎
発行所　株式会社　吉川弘文館
郵便番号一一三―〇〇三三
東京都文京区本郷七丁目二番八号
電話〇三―三八一三―九一五一〈代表〉
振替口座〇〇一〇〇―五―二四四
https://www.yoshikawa-k.co.jp/
組版＝株式会社キャップス
印刷＝藤原印刷株式会社
製本＝ナショナル製本協同組合
装幀＝渡邉雄哉

ISBN978-4-642-07808-5

刊行のことば

現代社会では、膨大な数の新刊図書が日々書店に並んでいます。昨今の電子書籍を含めますと、一人の読者が書名すら目にすることができないほどとなっています。ましてや、数年以前に刊行された本は書店の店頭に並ぶことも少なく、良書でありながらめぐり会うことのできない例は、日常的なことになっています。

人文書、とりわけ小社が専門とする歴史書におきましても、広く学界共通の財産として参照されるべきものとなっているにもかかわらず、その多くが現在では市場に出回らず入手、講読に時間と手間がかかるようになってしまっています。歴史の面白さを伝える図書を、読者の手元に届けることができないことは、歴史書出版の一翼を担う小社としても遺憾とするところです。

そこで、良書の発掘を通して、読者と図書をめぐる豊かな関係に寄与すべく、シリーズ「読みなおす日本史」を刊行いたします。本シリーズは、既刊の日本史関係書のなかから、研究の進展に今も寄与し続けているとともに、現在も広く読者に訴える力を有している良書を精選し順次定期的に刊行するものです。これらの知の文化遺産が、ゆるぎない視点からことの本質を説き続ける、確かな水先案内として迎えられることを切に願ってやみません。

二〇一二年四月

吉川弘文館

読みなおす日本史

飛　鳥 その古代史と風土　門脇禎二著　二五〇〇円
犬の日本史 人間とともに歩んだ一万年の物語　谷口研語著　二一〇〇円
鉄砲とその時代　三鬼清一郎著　二一〇〇円
苗字の歴史　豊田　武著　二一〇〇円
謙信と信玄　井上鋭夫著　二三〇〇円
環境先進国・江戸　鬼頭　宏著　二一〇〇円
料理の起源　中尾佐助著　二一〇〇円
暦の語る日本の歴史　内田正男著　二一〇〇円
漢字の社会史 東洋文明を支えた文字の三千年　阿辻哲次著　二一〇〇円
禅宗の歴史　今枝愛真著　二六〇〇円
江戸の刑罰　石井良助著　二一〇〇円

地震の社会史 安政大地震と民衆　北原糸子著　二八〇〇円
日本人の地獄と極楽　五来　重著　二一〇〇円
幕僚たちの真珠湾　波多野澄雄著　二二〇〇円
秀吉の手紙を読む　染谷光廣著　二一〇〇円
大本営　森松俊夫著　二二〇〇円
日本海軍史　外山三郎著　二一〇〇円
史書を読む　坂本太郎著　二一〇〇円
山名宗全と細川勝元　小川　信著　二二〇〇円
東郷平八郎　田中宏巳著　二四〇〇円
昭和史をさぐる　伊藤　隆著　二四〇〇円
歴史的仮名遣い その成立と特徴　築島　裕著　二二〇〇円

吉川弘文館
（価格は税別）

読みなおす
日本史

読みなおす
日本史

武田家三代 戦国大名の日常生活 笹本正治著 二二〇〇円

正倉院 歴史と宝物 杉本一樹著 二二〇〇円

猫絵の殿様 領主のフォークロア 落合延孝著 二四〇〇円

日本幼児史 子どもへのまなざし 柴田 純著 （続 刊）

吉川弘文館
（価格は税別）